ARMAS PODEROSAS DE GUERRA ESPIRITUAL

Testimonios Impactantes De sanidad
Y Liberación

LIBÉRATE
De Las
ENFERMEDADES

Roger D. Muñoz

ROGER D. MUÑOZ

Copyright © 2015 Roger De Jesús Muñoz Caballero
Publicado por:
Cristo Libera
Ministerio de Liberación y sanidad
Seattle, WA 98115
USA
www.cristolibera.org
All rights reserved.
ISBN: 978-0-9964859-0-6

First Printing, 2015

Impreso en los Estados Unidos de América

ARMAS PODEROSAS DE GUERRA ESPIRITUAL

Testimonios Impactantes De sanidad
Y Liberación

LIBÉRATE De las ENFERMEDADES

Roger D. Muñoz

ROGER D. MUÑOZ

ARMAS PODEROSAS DE GUERRA ESPIRITUAL

Testimonios Impactantes De sanidad

Y Liberación

LIBÉRATE

De las

ENFERMEDADES

Roger D. Muñoz

CRISTO LIBERA

MINISTERIO DE LIBERACION Y SANIDAD

Seattle WA 98115

www.Cristolibera.org

ROGER D. MUÑOZ

Roger D Muñoz Es un siervo de Dios el cual me ha entrenado en liberación desde hace mucho tiempo y además tuve la bendición de viajar a USA para recibir más entrenamientos en liberación. Gracias a Jesucristo que por medio de su Siervo, ahora estoy ministrando liberación y han sido libres muchos en este hermoso país de Japón.

—Pastor Jaime Teruya

Iglesia Cristiana Renacier en Japon

El Pastor Roger D Muñoz, está dejando un legado a aquellos que quieren aprender más acerca del ministerio de liberación. Este libro es una excelente herramienta para todos los ministros del Reino de Dios y su Justicia. Reconozco su arduo trabajo en el ministerio de liberación, que Dios le ha dado.

—Pastor Eugenio Manuel Torres

Iglesia Reformada Cristo Justicia Nuestra

Santa Marta Colombia, Sur America

El Siervo Roger D Muñoz ha sido invitado en repetidas ocasiones como panel de conferencia al aire en temas de liberación y guerra espiritual donde ha sido de gran bendición.

—Pastor Jose Ramos

Conductor Programa Radial Pastores Unidos Por Cristo

Presidente De La Alianza Evangelica Hispana Del Norte

Roger D Muñoz ha sido de gran bendición para mi vida y mi Ministerio, ya que a través de su vida y Ministerio de liberación, fuimos capacitados para dar un mejor servicio a Dios y a su Iglesia, trayendo libertad a los que un día estaban cautivos por Satanás. Que El Señor lo siga guardando y bendiciendo y prosperando en todo lo que haga.

—Apostol Mario Bonillas
Fundador Del Concilio Iglesia Ebenezer USA.

Roger D Muñoz solía ser un hombre de negocios en el país de Colombia en América del Sur, pero desde el momento de su conversión a Jesucristo, le nació una pasión por liberar a los que están cautivos y bajo la opresión de espíritus malignos. Él es el fundador del ministerio "Cristo Libera". Muchos son los que se han beneficiado de su servicio de liberación en los Estados Unidos y en otras partes del mundo.

—Rev. Jorge Gutierrez
Iglesia Cristiana De Las Americas
Seattle Washington USA.

Roger D Muñoz es uno de nuestros voluntarios para el Ministerio de Detención de Inmigrantes en el Centro de Detención del Noroeste en Tacoma Washington, USA, una vez por mes predica el evangelio y ha llevado muchas personas a Cristo.

—Pastor Habtom Ghebru

Exención de responsabilidad

No somos médicos ni representamos ningún centro hospitalario.

No somos responsables por las sanidades de las personas, solo estamos compartiendo nuestros testimonios de sanidad que han ocurrido en nuestra experiencia en liberación y creemos firmemente en la palabra de Dios, en la obra completa que hizo Jesucristo en la Cruz; que es lo que ministramos: principios Bíblicos.

No estamos en contra de la medicina ni de los médicos, Dios también los creo a ellos y les dio conocimiento e inteligencia para cumplir su profesión para el bien de la humanidad.

Tampoco queremos entrar o tener algún conflicto con ninguna otra doctrina o creencia. No somos los sanadores ni pretendemos serlo, solo somos cristianos, unos siervos de Dios que le servimos en amor y compasión al necesitado, cumpliendo la misión que nuestro Señor Jesús nos encomendó.

Marcos 16:15; 1 Corintios 12: 4-12; efesios 4:1-13

ROGER D. MUÑOZ

x

TABLA DE CONTENIDO

Exención de responsabilidad	ix
Autor	xiii
Agradecimientos	xiv
Propósito	15
Introducción	16
1. Testimonio Del Autor	19
2. Causas y solución Bíblica	23
3. Bloqueos para no ser sanado	31
4. Procesos y testimonios	35
5. Sanidad del Asma producida por brujerías.	43
6. Adicción a las drogas y alcohol	61
7. Libre de una vida de destrucción	69
8. Psoriasis, Ansiedad, desesperación, Dolores	85
9. Cansancio, Timidez, inseguridad	89
10. Miedos, lujuria, ataque de pánicos	91
11. Testimonio de Parkinson	95
12. Testimonio DIABETES	99
13. Testimonio de Sanidad de las piernas	137
14. Dolores, Alergias, picazón. Jesús ya pago	147
15. Depresión, Ansiedad, Opresión, Taquicardia.	173
16. Libre de Pornografía	177
17. Diabetes, tiroides, presión alta y rosácea, ira	183
18. Cáncer, alergias, Tiroides, Colesterol, Colon, estomago	185

ROGER D. MUÑOZ

Autor

Roger D. Muñoz, Casado y padre de dos hermosos hijos, es el hombre que Dios escogió para fundar y dirigir a Cristo Libera, un ministerio de Liberación y Sanidad con su sede principal en Seattle, Washington, en los Estados Unidos. Además de servir localmente, sirve en todo los estados de USA y el resto del mundo donde Dios escoja, donde haya necesidad de servicios de liberación a través de la tecnología del internet, teléfonos, cámaras de internet, usando traductores y a veces viajando a donde Dios le envíe y desee. En este Ministerio se han realizado miles de liberaciones, la mayoría de ellas se encuentran en su página de internet www.cristolibera.org y en el canal de YouTube.

Roger es un líder y miembro activo de la Iglesia Cristiana de las Américas en Seattle Washington USA, es un voluntario predicador del Ministerio de Detención de Inmigrantes en el Centro de Detención del Noroeste en Tacoma Washington, USA.

Ha sido invitado en repetidas ocasiones como parte del Panel de Conferencia al aire en temas de liberación y guerra espiritual en el Programa Radial Pastores Unidos por Cristo de la Alianza Evangélica Hispana del Noroeste.

Ha dictado muchos seminarios, conferencias, talleres y ha entrenado pastores, líderes, los cuales están ya ministrando liberación en sus congregaciones.

El Pastor Roger Muñoz, está dejando un legado a aquellos que quieren aprender más acerca del ministerio de liberación.

Agradecimientos

Ante todo, ¡Estoy agradecido por Jesucristo! Y por la obra completa que El hizo en la Cruz.

A mi esposa Gladys Méndez por su amor, comprensión y paciencia, a mis hijos Roger y Néstor Muñoz, a mi madre Isabel caballero por su amor y cuidado desde mi nacimiento. A mis pastores Jorge y Feliza de Gutiérrez los cuales son mis padres espirituales. A Carmen Kucinski al ayudarme a editar este libro, A las personas que prestaron sus testimonios de liberación para difundir los milagros y grandeza de nuestro Señor Jesús, A todos los que transcribieron a texto los videos de los testimonios, y a todos los que de una u otra forma contribuyeron en la realización de este libro.

Propósito

Demostrar y enseñar por medio de los testimonios que están en este libro que la sanidad si es posible a través de la liberación, las cuales se han realizado en este Ministerio de Liberación y sanidad de Cristo Libera. Que Jesucristo es el mismo de ayer, hoy y siempre, y sigue sanando.Que Jesús realizo una completa obra en la Cruz del calvario cancelando nuestras deudas incluyendo las enfermedades.

Introducción

¡**I**glesia de Cristo, Despierta! ¡Basta ya de tanto dejarse engañar, de tanto conformismo, de tanto ser víctima de los demonios, de satanás con sus enfermedades y opresiones!. Jesús de Nazaret, el Cristo, El Mesías, el Hijo de Dios, el que murió y el único que resucito de entre los muertos y el que vive y reina por los siglos de los siglos ya triunfo completamente en la Cruz del calvario!, Ciertamente el llevo las enfermedades y por sus heridas hemos sido sanados. ¡Esto es una verdad absoluta! El cargo en su cuerpo todos nuestros pecados e iniquidades, maldiciones y con sus consecuencias de enfermedades y dolores.

Usted siendo cristiano y estando en obediencia no debe permitir el pecado ni las enfermedades. En este libro se encuentran muchos testimonios de sanidades de personas cristianas que estaban con enfermedades incurables; aclaro que no soy médico ni estoy en contra de ellos ni de las medicinas, gracias a Dios por ellos, están haciendo una labor muy indispensable, muy importante, los bendigo a todos ellos en el nombre de Jesús. No todas las enfermedades son de origen demoniacas, si usted se alimenta con demasiada aceite, grasa, come sin ninguna responsabilidad, o se accidenta en el vehículo, se cae de un edificio, fuma, toma drogas, sino se cuida, etc. de seguro que se enfermera. O se enferma por la vejez, por la edad, o se enferma para glorificar el nombre Dios como el caso del hombre que había nacido ciego Juan 9:1-3

Pero le aconsejo que haga lo que se dice en este libro ya que hemos encontrado en este Ministerio de Liberación que si hay algún demonio, hay enfermedades. De hecho en todas las enfermedades que yo tenía había demonios.

Hemos escrito todos estos testimonios de personas que con el poder de Jesucristo y a través de este ministerio de liberación y sanidad han sido y están sanas para que usted sea sano también, para que su Fe aumente, para que recuerde que Dios es el mismo de ayer, hoy y siempre. Él no ha cambiado y si usted sigue los pasos que están en nuestros libros, nuestro Señor Jesús lo sanara. Ahora bien Jesús llevo las enfermedades, está en tiempo pasado, llevo, Isaías 53, el problema son los demonios que hay que expulsarlos y al ser sacados estos, se acaba el problema, la enfermedad, y allí en nuestros libros de Libérate están los pasos para hacerlo.

1. Testimonio Del Autor

Gloria a mi Cristo que me ha sanado de todas mis dolencias. Esta escrito por sus heridas hemos sido sanados, Usted que está padeciendo de alguna enfermedad le aseguro que hay una solución, y es Jesucristo, el Hijo de Dios, el cual murió y resucito al tercer día y está sentado a la diestra del Dios Padre, El y solo Él es la solución!

Yo también fui sanado de alergias, Colesterol, gripas, dolores de espalda, taquicardias, pesadillas horribles.
De todas estas anteriores enfermedades sufría incluso siendo aún cristiano las padecía.

Era **alérgico a los perfumes**, no podía usarlos o si alguien los usaba; aunque fuese muy fino, me afectaba la nariz, las fosas nasales, e inclusive cuando se iban a pintar las unas con esmalte, también me afectaba.

Tenía el **colesterol alto**, por muchos años tome pastillas. El médico me decía que era por mis antepasados y las pastillas iban a ser para siempre, para toda mi vida.
Era raro el día que no tenía **gripas**, al punto que tenía que usar inyecciones para descongestionarme, gripas que casi me ahogaba. Use de todo, fui a muchos médicos y especialistas.

Tenía unos **dolores de espalda** que me paralizaban, use muchas cosas y fui a muchos médicos.

Sufría de taquicardias y palpitaciones fuertes y raras. Cuando me acostaba, el corazón en lugar de ir despacio y suave, ya que estaba acostado y relajado, hacia lo contrario.

Las **pesadillas** de perros negros que me perseguían, y muchas pesadillas horribles eran el pan de cada noche.

Todo esto se terminó desde que aprendí a hacer liberaciones, me realice auto liberaciones en las cuales salieron muchos demonios, estos eran los que causaban esas enfermedades. Gracias a mi Cristo es que estoy completamente sano ¡Estoy libre!

Yo me había acostumbrado a esas enfermedades, como la mayoría de personas lo están. En tremendo error que yo estaba, estaba engañado. Si soy de cristo, debo estar sano, debo expulsar los demonios de mi vida por el Poder de Jesús, y al echarlos se llevan las enfermedades, porque ellos son los que las causan. Le recomiendo a usted que está leyendo este libro que lo lea varias veces y además que adquiera los dos libros anteriores: Libérate de las opresiones y Manual de Libérate, están en www.cristolibera.org ya que juntos a este libro de las enfermedades usted aprenderá a como ser libre de esos entes espirituales demoniacos que lo están atormentado con enfermedades y opresiones.

Cuando siento algún malestar reacciono de inmediato y lo reprendo en el nombre de Jesús, ni gripa, dolor de cabeza acepto, no acepto nada, todo lo puedo en cristo que me fortalece, el que está en mi es más poderoso que el que está en el mundo. La sangre de Jesús es poderosa, fuera gripa, demonios fuera en el nombre de Jesús! Todas estas oraciones de Guerra Espiritual están en nuestros libros. La Palabra dice: resistid al maligno y huira de ustedes, la clave es resistir, luchar, la victoria la obtuvo Jesucristo en la Cruz del calvario. Satanás esta derrotado, vencido.

Recuerde: si miles han sido sanados usted también lo será en el Nombre de Jesús.

2. Causas y solución Bíblica

Definición de enfermedad

Es la alteración, la anormalidad en lo físico, moral o espiritual del funcionamiento del ser humano, animales, organismos o de los vegetales, que resulta ser perjudicial. (Enciclopedia Universal)

Causas

Desobediencia a la Palabra de Dios.

En el libro de Job se revela que el autor de la enfermedad y desastre de Job es Satanás y en este ministerio de liberación lo hemos visto miles de veces. Los demonios ejecutan la destrucción, las enfermedades, aunque como le hemos dicho que no siempre son el resultado de pecados (ver libro de Libérate de las opresiones).

Deuteronomio 28:15 [15] Pero acontecerá, si no oyeres la voz de Jehová tu Dios, para procurar cumplir todos sus mandamientos y sus estatutos que yo te intimo hoy, que vendrán sobre ti todas estas maldiciones, y te alcanzarán.

Enfermedades en la Biblia. Deuteronomio 28

Tisis, fiebre, inflamación, ardor, úlcera, tumores, sarna, y con comezón de que no puedas ser curado. Locura, ceguera y turbación de espíritu; Maligna pústula en las rodillas y en las piernas, desde la planta de tu pie hasta tu coronilla, sin que puedas ser curado, tus plagas y las plagas de tu descendencia, plagas grandes y permanentes, y enfermedades malignas y duraderas.

Solución

¡Liberación a través de Jesucristo!

¡Si señores! A eso vino Jesús, a liberar a los cautivos. La Biblia lo demuestra y nosotros lo hemos visto a diario en este ministerio de liberación y usted también puede hacerlo. Dios quiere usarlo a usted también y al que quiera servirle. Mire los testimonios que están en este libro más los que están en nuestra página de internet y YouTube.

Lucas 13:10-13 Reina-Valera 1960 (RVR1960)

Jesús sana a una mujer en el día de reposo

[10] Enseñaba Jesús en una sinagoga en el día de reposo; y había allí una mujer que desde hacía dieciocho años tenía espíritu de enfermedad, y andaba encorvada, y en ninguna manera se podía enderezar. [12] Cuando Jesús la vio, la llamó y le dijo: Mujer, eres libre de tu enfermedad. [13] Y puso las manos sobre ella; y ella se enderezó luego, y glorificaba a Dios.

Jesús sana a un muchacho endemoniado

Marcos 9:14-29

*14 Cuando llegó a donde estaban los discípulos, vio una gran multitud alrededor de ellos, y escribas que disputaban con ellos. 15 Y en seguida toda la gente, viéndole, se asombró, y corriendo a él, le saludaron. 16 ¿El les preguntó: ¿Qué disputáis con ellos? 17 Y respondiendo uno de la multitud, dijo: Maestro, traje a ti mi hijo, que tiene un espíritu mudo, 18 el cual, dondequiera que le toma, le sacude; y echa espumarajos, y cruje los dientes, y se va secando; y dije a tus discípulos que lo echasen fuera, y no pudieron.
19 !Y respondiendo él, les dijo! ¡Oh generación incrédula! ¿Hasta cuándo he de estar con vosotros? ¿Hasta cuándo os he de soportar? Traédmelo. 20 Y se lo trajeron; y cuando el espíritu vio a Jesús, sacudió con violencia al muchacho, quien cayendo en tierra se revolcaba, echando espumarajos. 21 Jesús preguntó al padre: ¿Cuánto tiempo hace que le sucede esto? Y él dijo: Desde niño. 22 Y muchas veces le echa en el fuego y en el agua, para matarle; pero si puedes hacer algo, ten misericordia de nosotros, y ayúdanos. 23 Jesús le dijo: Si puedes creer, al que cree todo le es posible. 24 E inmediatamente el padre del muchacho clamó y dijo: Creo; ayuda mi incredulidad. 25 Y cuando Jesús vio que la multitud se agolpaba, reprendió al espíritu inmundo, diciéndole: Espíritu mudo y sordo, yo te mando, sal de él, y no entres más en él. 26 Entonces el espíritu, clamando y sacudiéndole con violencia, salió; y él quedó como muerto, de modo que muchos decían: Está muerto. 27 Pero Jesús, tomándole de la mano, le enderezó; y se levantó. 28 Cuando él entró en casa, sus discípulos le preguntaron aparte: ¿Por qué nosotros no pudimos echarle fuera? 29 Y les dijo: Este género con nada puede salir, sino con oración y ayuno.*

Marcos 1:21-28
Un hombre que tenía un espíritu inmundo

21 Y entraron en Capernaum; y los días de reposo,[a] entrando en la sinagoga, enseñaba. 22 Y se admiraban de su doctrina; porque les enseñaba como quien tiene autoridad, y no como los escribas. 23 Pero había en la sinagoga de ellos un hombre con espíritu inmundo, que dio voces, 24 diciendo, Ah! ¿Qué tienes con nosotros, Jesús nazareno? ¿Has venido para destruirnos? Sé quién eres, el Santo de Dios. 25 Pero Jesús le reprendió, diciendo! Cállate, y sal de él! 26 Y el espíritu inmundo, sacudiéndole con violencia, y clamando a gran voz, salió de él.

27 Y todos se asombraron, de tal manera que discutían entre sí, diciendo: ¿Qué es esto? ¿Qué nueva doctrina es esta, que con autoridad manda aun a los espíritus inmundos, y le obedecen? 28 Y muy pronto se difundió su fama por toda la provincia alrededor de Galilea.

Marcos 3:10-12
10 Porque había sanado a muchos; de manera que por tocarle, cuantos tenían plagas caían sobre él. 11 Y los espíritus inmundos, al verle, se postraban delante de él, y daban voces, diciendo: Tú eres el Hijo de Dios. 12 Más él les reprendía mucho para que no le descubriesen.

Marcos 3:20-30
La blasfemia contra el Espíritu Santo
(Mt. 12.22-32; Lc. 11.14-23)
20 Y se agolpó de nuevo la gente, de modo que ellos ni aun podían comer pan. 21 Cuando lo oyeron los suyos, vinieron para prenderle; porque decían: Está fuera de sí. 22 Pero los escribas que

habían venido de Jerusalén decían que tenía a Beelzebú, y que por el príncipe de los demonios echaba fuera los demonios.²³ Y habiéndolos llamado, les decía en parábolas: ¿Cómo puede Satanás echar fuera a Satanás?²⁴ Si un reino está dividido contra sí mismo, tal reino no puede permanecer.²⁵ Y si una casa está dividida contra sí misma, tal casa no puede permanecer.

²⁶ Y si Satanás se levanta contra sí mismo, y se divide, no puede permanecer, sino que ha llegado su fin.²⁷ Ninguno puede entrar en la casa de un hombre fuerte y saquear sus bienes, si antes no le ata, y entonces podrá saquear su casa.²⁸ De cierto os digo que todos los pecados serán perdonados a los hijos de los hombres, y las blasfemias cualesquiera que sean;²⁹ pero cualquiera que blasfeme contra el Espíritu Santo, no tiene jamás perdón, sino que es reo de juicio eterno.³⁰ Porque ellos habían dicho: Tiene espíritu inmundo.

Isaías 53
...4Ciertamente El llevó nuestras enfermedades, y cargó con nuestros dolores; con todo, nosotros le tuvimos por azotado, por herido de Dios y afligido. 5Mas El fue herido por nuestras transgresiones, molido por nuestras iniquidades. El castigo, por nuestra paz, cayó sobre El, y por sus heridas hemos sido sanados. 6Todos nosotros nos descarriamos como ovejas, nos apartamos cada cual por su camino; pero el SEÑOR hizo que cayera sobre El la iniquidad de todos nosotros....

Romanos 4:25
El cual fue entregado por causa de nuestras transgresiones y resucitado para nuestra justificación.

1 Corintios 15:3
Porque yo os entregué en primer lugar lo mismo que recibí: que Cristo murió por nuestros pecados, conforme a las Escrituras;

Hebreos 5:8
Y aunque era Hijo, aprendió obediencia por lo que padeció;

Hebreos 9:28
Así también Cristo, habiendo sido ofrecido una vez para llevar los pecados de muchos, aparecerá por segunda vez, sin relación con el pecado, para salvación de los que ansiosamente le esperan.

1 Pedro 2:24
Y El mismo llevó nuestros pecados en su cuerpo sobre la cruz, a fin de que muramos al pecado y vivamos a la justicia, porque por sus heridas fuisteis sanados.

1 Pedro 2:25
Pues vosotros andabais descarriados como ovejas, pero ahora habéis vuelto al Pastor y Guardián de vuestras almas.

Deuteronomio 11:2
Y comprended hoy que no estoy hablando con vuestros hijos, los cuales no han visto la disciplina del SEÑOR vuestro Dios: su grandeza, su mano poderosa, su brazo extendido,

Salmos 30:2
Oh SEÑOR, Dios mío, a ti pedí auxilio y me sanaste.
Proverbios 20:30
Los azotes que hieren limpian del mal, y los golpes llegan a lo más profundo del cuerpo.
Isaías 6:7
Y con él tocó mi boca, y dijo: He aquí, esto ha tocado tus labios, y es quitada tu iniquidad y perdonado tu pecado.

Isaías 40:2
Hablad al corazón de Jerusalén y decidle a voces que su lucha ha terminado, que su iniquidad ha sido quitada, que ha recibido de la mano del SEÑOR el doble por todos sus pecados.

Isaías 53:6
Todos nosotros nos descarriamos como ovejas, nos apartamos cada cual por su camino; pero el SEÑOR hizo que cayera sobre Él la iniquidad de todos nosotros.

Isaías 53:8
Por opresión y juicio fue quitado; y en cuanto a su generación, ¿quién tuvo en cuenta que Él fuera cortado de la tierra de los vivientes por la transgresión de mi pueblo, a quien correspondía la herida?

Isaías 53:10
Pero quiso el SEÑOR quebrantarle, sometiéndole a padecimiento. Cuando Él se entregue a sí mismo como ofrenda de expiación, verá a su descendencia, prolongará sus días, y la voluntad del SEÑOR en su mano prosperará.

Isaías 53:11
Debido a la angustia de su alma, Él lo verá y quedará satisfecho. Por su conocimiento, el Justo, mi Siervo, justificará a muchos, y cargará las iniquidades de ellos.

Isaías 57:18
He visto sus caminos, pero lo sanaré; lo guiaré y le daré consuelo a él y a los que con él lloran,

3. Bloqueos para no ser sanado

Si usted ha tratado de todo para ser sanado, ha ido a médicos, orado, ayunado, a lugares equivocados como a brujos, pero nada que lo <u>consigue,</u> usted necesita liberación. Sencillamente la enfermedad es una consecuencia, siempre hay unas causas, razones de esa enfermedad o situación. Y si hay enfermedad es altamente posible que haya espíritus malignos detrás de cada una de ellas, los cuales deben ser expulsados a través de una liberación (ver Libérate de las Opresiones)

Proverbios 26:2Reina-Valera 1960 (RVR1960)
[2] Como el gorrión en su vagar, y como la golondrina en su vuelo, Así la maldición nunca vendrá sin causa.

Mencionemos algunos bloqueos:

Estar practicando pecados.
Esto es posible ya que a lo bueno le dicen malo y a lo malo le dicen o ven como bueno, ejemplo: vivir en unión libre, practicar sexo con la novia o novio, parejas del mismo sexo casadas o viviendo juntas.

Enfermedad por efectos secundarios.
Es posible que su enfermedad sea producto de los efectos secundarios de esas medicinas que está tomando.

Mala alimentación.

Es muy importante la buena alimentación, comer para vivir y no vivir para comer. Comer alimentos nutritivos, frutas, verduras, mucha agua…Etc.

Objetos personales maldecidos

Revise bien su ropa, guardador de ropa, cuadros, fotos, imágenes y si hay algún signo o síntoma de idolatrías, figuras mágicas o demoniacas, escritos desconocidos. Etc. destrúyalos, no los regale, deshágase de ellos.

La pasividad

Si es muy pasivo, no ora con frecuencia y energéticamente, puede ser un bloqueo incluso le sería muy difícil mantener la liberación.

Duda.

La duda les da fuerza o derechos a los demonios, debe creer, tener fe.

Se requiere milagro creativo.

Porque no hay demonios. En este caso se pide que Dios haga un milagro creativo para sanarlo o que le construya un nuevo órgano. (Un pie, una mano, un nuevo riñón etc.)

Demonio Oculto

Es muy común que se oculten especialmente, los demonios engañadores.

La edad avanzada

Este puede ser un motivo o bloqueo, la vejez, si esta con más de 80 o 90 años de edad, ya usted vivió bastante y posiblemente Dios la está llamando como es el caso de Eliseo e Isaac.
Nota: Este libro forma parte de la serie Libérate por lo tanto por favor le aconsejamos ver las puertas de entradas a los demonios o enfermedades y llenar el formulario y seguir los pasos allí. (Libérate de las opresiones y Manual de Libérate) porque ellas mismas pueden ser bloqueos si no las soluciona confesando, renunciando, perdonando y pidiendo perdón.

4. Procesos y testimonios

El proceso de liberación y sanidad consiste en que la persona llena un cuestionario o preguntas (está en el Manual de liberación) sobre su vida, tanto de sus antepasados como de su propia vida, incluyendo traumas. Este con el fin de encontrar las posibles puertas de entradas de los demonios, cerrarlas a través de la confesión, renuncia y perdón ante Nuestro señor Jesucristo.

Según 1 Juan 1:9
Si confesamos nuestros pecados, él es fiel y justo para perdonar nuestros pecados, y limpiarnos de toda maldad.
Santiago 5:14-17 *Reina-Valera 1960 (RVR1960)*
[14] ¿Está alguno enfermo entre vosotros? Llame a los ancianos de la iglesia, y oren por él, ungiéndole con aceite en el nombre del Señor.[15] Y la oración de fe salvará al enfermo, y el Señor lo le-

vantará; y si hubiere cometido pecados, le serán perdonados.[16] *Confesaos vuestras ofensas unos a otros, y orad unos por otros, para que seáis sanados. La oración eficaz del justo puede mucho.*[17] *Elías era hombre sujeto a pasiones semejantes a las nuestras, y oró fervientemente para que no lloviese, y no llovió sobre la tierra por tres años y seis meses.*

Y luego de esto hacemos otra confesión general de pecados, (está en el Manual) después de las confesiones y pedir perdón, la persona está lista para su liberación.- Se le dice que cierre sus ojos y se empieza a dar órdenes o a expulsarlos según el Espíritu lo guie, A veces si, a veces no, se le pide el nombre al demonio, preguntarle si tenía derechos legales para estar ahí, si es el demonio de más alto rango, cuantos demonios tiene, desde cuando está ahí, de que daños es culpable, si hay demonios en la familia, en quienes esta. Todo esto con el fin de destruirles totalmente el reino que tienen, así vamos reino a reino, destruyéndolo, hasta que las personas quedan libres de los demonios.

Abajo encontrara varias liberaciones, testimonios que le muestran paso a paso este proceso.

Hermanos estos pasos son los que usted puede usar, yo los uso, todo esto lo hago en la congregación de la iglesia local y otras iglesias aledañas, las personas escuchan de este ministerio y acuden para ser libres, luego el mismo Dios me demostró que también se podía hacer por medio de recursos como el telefónico e internet. Nuestro señor ha liberado de muchas maneras, sigo estos procedimientos anteriores, otras veces no lo hago, con solo el hecho de hablar con la persona, ya sea personalmente o por vía telefónica, las personas son libres y algunas veces los demonios empiezan a hablar sin yo pedírselos, y esto me ha ocurrido varias ocasiones.

Si usted estudia y practica todo lo que está en nuestros libros de Armas Poderosas de Guerra Espiritual, sé que Dios lo usara también en liberación para su reino y este es uno de los propósitos.

Recuerdo el caso de una señora que vive en Colombia, estaba hablando telefónicamente con ella y de repente me cambia el tono de su voz, y comienza a hablar, diciendo el demonio que ya se iba, y me conto como había entrado,.. etc. Luego se echó en el nombre de Jesús.

En estos últimos tiempos en este ministerio, he visto muchos cambios en la forma en que Jesús me usa en este ministerio. Las liberaciones cada vez son más rápidas y más fáciles de realizar. Ha depositado más Unción, más FE para las liberaciones. La mayoría de veces no sigo ningún patrón o procedimiento solo mencionando el sacrificio de Jesús en la Cruz, Su Sangre derramada, otras veces se descubre el pecado o puertas que la persona le ha otorgado al demonio para entrar en ella, luego de descubrirla, con la ayuda del Espíritu Santo, se lleva a la persona al arrepentimiento y que tenga conciencia que necesita perdón de sus pecados, luego procedo a expulsar en el nombre de Jesús a todos los demonios, a todos los reinos que están ahí y en sus familiares, que se lleven todo, enfermedades, demonios hasta que la persona sea libre. Todo lo hago personalmente, telefónicamente, o utilizando la internet, vía con cámaras, o congregacionalmente en las iglesias donde dicto seminarios, y talleres de liberación y sanidades.

Hay casos que no le hago ninguna pregunta a los demonios solo los echo fuera en el nombre de Jesús, e inmediatamente salen. Por la FE, revelación por el Espíritu Santo que da, me indica si ellos están por brujerías, pactos demoníacos en la familia de la persona o en ella misma. Claro que estas brujerías y pactos los tuve que cancelar antes (estas oraciones están en nuestros libros y manuales).

Tampoco uso los anteriores procedimientos, cuando sé que las puertas de entradas de demonios son por los ancestros, primero les enseño a los demonios que Jesús también llevo las maldiciones generacionales en la cruz y procedo a echarlos de ellos y de toda su familia.

Hoy el tiempo promedio que empleo en una liberación es de 30 a 60 minutos, dependiendo de las puertas que abrió la persona. Precisamente ayer fue una de esos casos, la persona estaba en Colombia, y fue por internet, con cámaras, en un Café-internet (sitio de alquiler de internet) Este testimonio igual que las mayorías están en mi página www.cristolibera.org y en YouTube. Él fue libre de los tormentos en su cabeza que tenía desde hace muchos años.

También Recuerdo que esperando a mi hijo en la escuela, recibí una llamada, era desde New York, esta persona estaba pasando por un desierto y tormento en su mente, dolor de cabeza y en el estómago, por más de 10 años lo sufría, había visitado médicos, echo ayunos y también orado, pero no tenía mejoría, Gracias que Jesucristo lo liberó en menos de 2 minutos, el cambio fue instantáneo, a este hombre le habían puesto brujerías por medio de comidas y bebidas.(estas oraciones están en nuestro libro de Liberación)

Otro caso, estaba en una campaña de liberación, en California, hubo muchas liberaciones y entrenamientos en ese lugar y

creando equipos de liberaciones, los cuales a cargo del Pastor están ya realizando liberaciones, para la Gloria de Dios en Cristo Jesús señor nuestro. En una tarde cuando cansados fuimos a almorzar en un restaurante de esa localidad, mientras esperábamos por la comida, estando sentados el pastor con los otros líderes, al lado mío un hombre el que estaba filmando todo el seminario, me comento que él estaba sufriendo de un dolor de cabeza desde niño, siempre, diariamente tenía que usar pastillas, las mantenía en su carro todo el tiempo. ¡Bueno! si hay una enfermedad desde niño lo más seguro que proviene por los pecados de sus antepasados, entonces ahí mismo se rompió esa maldición (en nuestros libros está la oración) y en ese mismo momento, estando en la mesa, le hable cerca en el oído muy suavemente, y le ordene en el Nombre de Jesús al demonio que se fuera para siempre, tranquilamente se fue, solo una persona se dio cuenta de esa liberación. El Pastor que estaba sentado vio lo que paso, el resto de los líderes no se dieron cuenta (este testimonio está en mi página Web y en YouTube). Un tiempo después me lo encontré y dijo que se encuentra bien de salud y con la bendición de Dios en la parte económica, y con trabajo y sobre todo sin el dolor de cabeza que lo atormentaba, y me ofrendo en agradecimiento una cámara de video para este ministerio de Liberación.
"Gloria a nuestro Dios y padre y al Señor Jesucristo y su Espíritu Santo, a ellos sean toda la honra, gloria y honor por los siglos de los siglos, amen y amen."

Cuando los demonios se manifiestan, empleo la forma anterior para liberar, uso preguntas como lo hizo el Señor Jesucristo. Como en el ejemplo del endemoniado gadareno.

Marcos 5 (RVR1960)

Vinieron al otro lado del mar, a la región de los gadarenos.² Y cuando salió él de la barca, en seguida vino a su encuentro, de los sepulcros, un hombre con un espíritu inmundo,³ que tenía su morada en los sepulcros, y nadie podía atarle, ni aun con cadenas.⁴ Porque muchas veces había sido atado con grillos y cadenas, más las cadenas habían sido hechas pedazos por él, y desmenuzados los grillos; y nadie le podía dominar.⁵ Y siempre, de día y de noche, andaba dando voces en los montes y en los sepulcros, e hiriéndose con piedras.⁶ Cuando vio, pues, a Jesús de lejos, corrió, y se arrodilló ante él.⁷ Y clamando a gran voz, dijo: ¿Qué tienes conmigo, Jesús, Hijo del Dios Altísimo? Te conjuro por Dios que no me atormentes.⁸ Porque le decía: Sal de este hombre, espíritu inmundo.⁹ Y le preguntó: ¿Cómo te llamas? Y respondió diciendo: Legión me llamo; porque somos muchos.¹⁰ Y le rogaba mucho que no los enviase fuera de aquella región.¹¹ Estaba allí cerca del monte un gran hato de cerdos paciendo.¹² Y le rogaron todos los demonios, diciendo: Envíanos a los cerdos para que entremos en ellos.¹³ Y luego Jesús les dio permiso. Y saliendo aquellos espíritus inmundos, entraron en los cerdos, los cuales eran como dos mil; y el hato se precipitó en el mar por un despeñadero, y en el mar se ahogaron.¹⁴ Y los que apacentaban los cerdos huyeron, y dieron aviso en la ciudad y en los campos. Y salieron a ver qué era aquello que había sucedido.¹⁵ Vienen a Jesús, y ven al que había sido atormentado del demonio, y que había tenido la legión, sentado, vestido y en su juicio cabal; y tuvieron miedo.¹⁶ Y les contaron los que lo habían visto, cómo le había acontecido al que había tenido el demonio, y lo de los cerdos.¹⁷ Y comenzaron a rogarle que se fuera de sus contornos.¹⁸ Al entrar él en la barca, el que había estado endemoniado le rogaba que le dejase estar con él.¹⁹ Más Jesús no se lo permitió, sino que le dijo: Vete a tu casa, a los tuyos, y cuéntales cuán grandes cosas el Señor ha hecho contigo, y cómo ha tenido misericordia de ti.[20] Y se fue, y comenzó a publicar en Decápolis cuán grandes cosas había hecho Jesús con él; y todos se maravillaban.

En otras ocasiones, los demonios se van sin darnos cuenta, **toda liberación es diferente.**

Jesucristo a través de este ministerio, miles han sido libres, y ahora lo conocen a EL, los que antes no lo conocían, y a través de estos testimonios, han creído y lo han aceptado como su Señor y Salvador personal. Incluso los que pensaban que estaban bien con el Señor, pero estaban alejados de él, y ahora han regresado de nuevo al Señor Jesús.

¡Jesús quiere usarlo también a usted, vea nuestros testimonios y ponga en práctica todo lo enseñado en este libro!

5. Sanidad del Asma producida por brujerías.

Hermano Roger:

Me he permitido escribir unas palabras a los hermanos en agradecimiento a Jesucristo.

Doy gracias, ¡gracias!, por todo padecimiento de Jesucristo, nuestro amado padre celestial, quién se entregó por completo en nuestro beneficio, dejando a un lado su gloria por un momento, para llevar el peso del pecado, cadenas, ataduras y enfermedades que nos correspondía llevar a nosotros, pero aun así, él demostró su inmenso amor por nosotros y pagando el precio de una libertad eterna que ninguno de nosotros hubiera podido llevar.

¡Cuán grandes son aquellos tesoros eternos que Jesús ha prometido para quienes le aman y le buscan!, Salvación y Vida Eterna, y como si fuera poco también nuestras enfermedades y aflicciones, para que aún en esta tierra vivamos en plena libertad. Tal es el testimonio que hoy puedo dar, de que siendo salva por Jesucristo, pude hoy ser sana y comenzar a vivir parte de esa libertad que se hará completa en paz, gozo y salud por los siglos cuando estemos en los cielos.

Jesucristo me sanó de mis enfermedades respiratorias que padecía desde hace años, y siempre me preguntaba si era necesario cargar con este peso que Jesús llevó en aquella cruz, ¡claro que no! , usted debe buscar como creyente su sanidad espiritual pero también física juntamente, porque en esa cruz él hizo su obra completa. Y generalmente nos encontramos todavía, cargando con ataduras, enfermedades, porque no hemos cancelado maldiciones de nuestro propio pecado, el cual cada día debemos de confesar al Señor, y también de maldiciones generacionales por parte de padres, abuelos, y familiares que consciente o inconscientemente participaron del pecado, la idolatría, brujerías, etc., dándole derechos legales a los demonios y el reino de las tinieblas a ellos mismos y a toda su familia.

¡Hermanos!, aunque ya hemos aceptado a Jesucristo como Señor y Salvador, eso no quiere decir que automáticamente seremos libres de muchos males que hay en nosotros. Sí es cierto, que pasamos de muerte a vida, pero nos toca a nosotros cancelar estas cosas, ya que Jesús dijo "he aquí os doy potestad de echar fuera serpientes y escorpiones", nos ha dado autoridad para echar fuera demonios y sanar a los enfermos.

Lucas 9:1 dice "Reuniendo a los doce, les dio poder y autoridad sobre todos los demonios y para sanar enfermedades."

Cabe aclarar que en ocasiones, Dios puede permitir que alguna enfermedad, o desastre llegue a nuestras vidas para ser probados en nuestra fe. Tal es el caso de Job, quien siendo un hombre justo, padeció de enfermedad y desastres en su familia, porque Satanás le pidió permiso a Dios para tocarlo, alegando ante Dios que si él le quitaba todas estas bendiciones Job maldeciría a Dios. Cosa que no sucedió, su amor por Dios era legítimo, este es un caso de prueba de fe que puede ser permitido por Dios.

Pero, en la mayoría de los casos estamos llevando cargas innecesarias por no utilizar la autoridad y la armadura de Dios para pelear contra demonios que están oprimiendo nuestra vida. Es responsabilidad nuestra y de la iglesia enseñar a batallar y ministrar liberación a quienes lo necesiten.

Sin saberlo, estuve muchos años presa de una enfermedad llamada Asma (enfermedad respiratoria) causada por Brujería, La Brujería y la Hechicería incluyen ritos paganos para tratar de controlar el futuro y la vida de los demás, vengar a los enemigos o protegerse de hechizos, intimidar a personas, lograr poder sobre otros, etc., y en esto puede llegarse a infringir enfermedades, peligro físico y, en general, circunstancias muy adversas para las víctimas. Muchos cristianos toman en poco estas cosas, creyendo que porque Jesús los salvó, no deben luchar contra las fuerzas de las tinieblas. Si así fuera, en vano la palabra de Dios hablaría sobre la armadura descrita en el libro de

Efesios 6:10-18: *10 Por lo demás, fortaleceos en el Señor y en el poder de su fuerza. 11 Revestíos con toda la armadura de Dios para que podáis estar firmes contra las insidias del diablo. 12 Porque nuestra lucha no es contra sangre y carne, sino contra principados, contra potestades, contra los poderes de este mundo de tinieblas, contra las huestes espirituales de maldad en las regiones celestiales. 13 Por tanto, tomad toda la armadura de Dios, para que podáis resistir en el día malo, y habiéndolo hecho todo, estar firmes. 14 Estad, pues, firmes, ceñida vuestra cintura con la verdad, revestidos con la coraza de la justicia, 15 y calzados los pies con el apresto del evangelio de la paz; 16 en todo, tomando el escudo de la fe con el que podréis apagar todos los dardos encendidos del maligno. 17 Tomad también el yelmo de la salvación, y la espada del Espíritu que es la palabra de Dios. 18 Con toda oración y súplica orad en todo tiempo en el Espíritu, y así, velad con toda perseverancia y súplica por todos los santos.*

Ni tampoco la mención, de "Porque nuestra lucha no es contra sangre y carne, sino contra principados, contra potestades, contra los poderes de este mundo de tinieblas, contra las huestes espirituales de maldad en las regiones celestiales., en el libro de Efesios 6:12. Jesucristo nos ha dejado las armas necesarias para combatir contra las fuerzas de las tinieblas, debemos utilizarlas.

Y mientras usted no cree, hay miles de personas que le están entregando su vida a Satanás ,rindiéndole culto ,y participando de sus planes ,con brujería ,ritos ,pactos ,ocultismo, enviándolos demonios por medio de sus prácticas para su destrucción y la de su familia. La Palabra de Dios dice:

Levítico 19, 26: *"No practiquen la adivinación ni se metan en brujerías".* Y en Deuteronomio 18, 10-12: *"Que no haya adivinos,* *ni nadie que consulte a los astros y a hechiceros, que no se halle a nadie que practique encantamientos o consulte espíritus; que no se halle ningún adivino o quien consulte a los muertos. Porque Yahvé aborrece a los que hacen estas cosas y precisamente por esta razón los expulsa delante de ti".*

Pídale al Espíritu Santo que revele todo aquellas cosas ocultas, y batalle contra ellas.

Usted puede ser libre, en el nombre de Jesucristo, pida oración y liberación, todos lo necesitamos. <u>Pero luego manténgase limpio delante de Jesucristo, arrepintiéndose y apartándose del pecado.</u> Jesús en cierta ocasión, después de haber liberado a un hombre de su enfermedad, le dijo "vete y no peques más para que no te venga algo peor" de lo contrario usted después de haber sido libre puede caer en una situación peor,
(Lucas 11:24 dice: Cuando el espíritu inmundo saliere del hombre, anda por lugares secos, buscando reposo; y no hallándolo, dice: Me volveré á mi casa de donde salí. 25 Y viniendo, la halla barrida y adornada. 26 Entonces va, y toma otros siete espíritus peores que él; y entrados, habitan allí: **y lo postrero del tal hombre es peor que lo primero**)

¡No juegue con el pecado ,ni con la misericordia y gracia de Dios, todos somos imperfectos, pero si usted sabe que ha pecado, vaya a Jesús pídale perdón y apártese de esto!. ¡Dios quiere un pueblo Santo!

¡Bendiciones! Toda la Gloria y Honra sea para siempre a nuestro Señor Jesucristo. Amén.

Testimonio ¡Libre de Asma, en el nombre de Jesús!

Este es mi testimonio personal, de sanidad de asma, que fue posible por el poder de Jesucristo, nuestro Señor y Salvador, que fue crucificado por nosotros para salvación, vida eterna, y para ser sanos porque su palabra nos dice en Isaías 53:5" **Mas Él fue herido por nuestras transgresiones, molido por nuestras iniquidades. El castigo, por nuestra paz, cayó sobre El, y por sus heridas hemos sido sanados.: que por sus llagas fuimos nosotros curados"**.

Hermanos, el asma, es una enfermedad respiratoria, que afecta a miles de personas en todo el mundo. En ocasiones esta enfermedad puede conducir, o contribuir a la muerte misma de la persona. Siendo yo desde muy pequeña, antes de los dos años de edad, comencé a tener problemas de todos convulsiva, con fiebre alta. Más adelante, ya con casi dos años de edad, comencé a sufrir de enfermedades respiratorias como la bronquitis, que derivó en asma posteriormente.

Esta enfermedad afectó no sólo mi vida, sino también la de mis padres, ya que constantemente ellos debían continuamente estar teniendo mayores cuidados de mí, y muchas veces tanto en el día como en la madrugada, tener que ir de urgencia a hospitales o clínicas para que pudieran realizarme nebulizaciones y así controlar mi respiración, durante este proceso uno comienza teniendo dificultad para respirar y poco a poco los bronquios se van cerrando, y no permiten el pasaje de aire que el cuerpo necesita, muchas veces tenía ataques tan fuertes, que no podía caminar, moverme o hablar. Una persona que no padecen esta enfermedad, no se da cuenta qué cantidad de aire el cuerpo utiliza para todas las funciones vitales.

Me fue difícil, desde pequeña hacer la vida normal de los niños, ya que en esta etapa a todos nos gusta jugar, correr, saltar, cosa que yo no podía hacer con libertad, cada vez que me reunía con otros niños a jugar, terminaba en una clínica u hospital, con fiebre y medicamentos por varios días.

Por supuesto que más adelante aunque ya no era una niña, esto restringía varias actividades normales, las personas que padecen asma, saben que en ocasiones sólo basta con subir unas escaleras para quedarse sin oxígeno, sólo basta caminar unas cuadras y debe detenerse porque no puede respirar, y siempre se siente cansada. Algunas personas tienen más resistencia que otras, pero en mayor o menor medida todos somos afectados.

Tuve momentos, en que la falta de oxígeno fue tal, que si hablaba no respiraba, sentí muchas veces la muerte de cerca, y aún con tratamientos médicos, no es posible eliminar esta enfermedad.

Gracias a Dios, tuve la oportunidad de detener un encuentro personal con Jesucristo, y poder experimentar la abundancia de su amor, y misericordia. Conocí y fui salva por Jesucristo aproximadamente cuando tenía 17 años de edad. Hoy tengo 39 años y he vivido hasta entonces con esa enfermedad en el cuerpo. Conociendo la palabra de Dios y todos los beneficios de la Cruz del Calvario. Esperando que llegara el día en que Jesús sanara mi cuerpo, así como ha sanado mí alma.

Hace unos pocos días, pude conocer a un hijo de Dios, quien lo sirve como vaso escogido, con el don que Dios le ha dado, para ministrar sanidad y liberación a quien lo necesite.

Todos los hijos de Dios necesitamos tener liberación para poder servir mejor a nuestro Dios. Muchos cristianos, no creen esto. Marco 3:14/15 dice: **"Y estableció a doce, para que estuviesen con él, y para enviarlos a predicar, Y que tuviesen autoridad para sanar enfermedades y para ECHAR demonios"** también Mateo 10:7-11 dice: **Y yendo, predicad, diciendo: El reino de los cielos se ha acercado. Sanad enfermos, limpiad leprosos, resucitad muertos, echad fuera demonios; de gracia recibisteis, dad de gracia"**.

Aunque fuimos salvados por Jesús y habiendo recibido su santo espíritu, permanecen en nosotros atadura y maldiciones generacionales e idolatría (Éxodo 20:5: **"No te inclinarás a ellas, ni las honrarás; porque yo soy Jehová tu Dios, fuerte, celoso, que visito la maldad de los padres sobre los hijos hasta la tercera y cuarta generación de los que me aborrecen,"** y en ocasiones pecados no confesados que son una puerta abierta al reino de las tinieblas en nuestra vida. También padecemos muchas otras aflicciones, opresiones y enfermedades causadas por otras personas que practican la brujería, o por causa de algún familiar que realizó estas prácticas o estuvo en el ocultismo o satanismo de los cuales no tenemos conocimiento.

Es tarea nuestra y de la Iglesia batallar contra estas huestes de maldad de las cuales la palabra de Dios nos dice: (Efesios 6:12) **"Porque nuestra lucha no es contra sangre y carne, sino contra principados, contra potestades, contra los poderes de este**

mundo de tinieblas, contra las huestes espirituales de maldad en las regiones celestiales."

Después de haber estado, casi 37 años padeciendo esta enfermedad, pedí que me realizaran liberación por este motivo. Durante el proceso de liberación descubrimos, que la causa de esa enfermedad había sido "la brujería", que por causa de odio por alguna persona hacia mi mamá, habían realizado pactos con prendas de vestir, para causar daño en su hija, motivo por el cual, estuve todos estos años padeciendo los síntomas de esta enfermedad.
¡Así que también usted puede estar siendo víctima de pactos, rituales, brujería, por causa de alguien que desea maldecirlo por envidia, celos, etc.!

Y no sólo usted puede ser víctima sin saberlo, sino que aún más habiendo participado de estas cosas. Ya que son abominables a nuestro Dios santo. Deuteronomio 18:9-12: 9 dice: **"Cuando hubieres entrado en la tierra que Jehová tu Dios te da, no aprenderás á hacer según las abominaciones de aquellas gentes. 10 No sea hallado en ti quien haga pasar su hijo ó su hija por el fuego, ni practicante de adivinaciones, ni agorero, ni sortílego, ni hechicero, 11 Ni fraguador de encantamientos, ni quien pregunte á pitón, ni mágico, ni quien pregunte á los muertos. 12 Porque es abominación á Jehová cualquiera que hace estas cosas, y por estas abominaciones Jehová tu Dios las echó de delante de ti."**

Si usted ha practicado estas cosas, debe apartarse de ellas, pedir perdón a Jesucristo y entregar su vida a él. Porque aunque esté haciendo rituales en contra de otra persona, usted también padecerá de estas cosas, maldiciéndose a sí mismo y a su familia, pasando su eternidad en lugar de oscuridad y tormento, preparado para aquellos que no se han arrepentido y reconocido Jesucristo como único Salvador y Señor.

¡Gracias a la liberación, hecha posible sólo por el poder de Jesucristo, y lo que él ha hecho en la Cruz, fui libre de mi enfermedad, para gloria y honra del Señor Jesucristo!

Ahora, estoy libre!, y puedo tener una mejor vida como el Señor Jesucristo desea para cada uno de sus hijos, para vivir en la riqueza de sus promesas su palabra que permanece para siempre, y prepararnos mejor para el día de su venida, libre para servirle mejor, y prepararnos para la eternidad con él, haciendo tesoros en los cielos porque escrito está en Mateo 6:19 al 21 **No os hagáis tesoros en la tierra, donde la polilla y el orín corrompen, y donde ladrones minan y hurtan;20 sino haceos tesoros en el cielo, donde ni la polilla ni el orín corrompen, y donde ladrones no minan ni hurtan.21 Porque donde esté vuestro tesoro, allí estará también vuestro corazón.**

Si usted padece de enfermedades, siendo un hijo o una hija de Dios, pida liberación. Para romper ataduras, y ser libre de toda clase de brujería, porque 1 de Juan: 4:4 dice" **Hijos míos, vosotros sois de Dios y los habéis vencido, porque mayor es el que está en vosotros que el que está en el mundo**".

Jesucristo se dio a sí mismo por su libertad pagando ese precio.¡¡Gloria y Honra a su Santo nombre!! Amén.

Procesos De Sanidad de Asma por brujería.

Fecha: 17 de febrero del 2015
¿Con qué le hicieron brujería?
Con prendas.
¿Con prendas de ella? ¿De vestir? wau! Entonces era amiga de ella, eso es por envidia, algo pasó ahí.
¿Entonces, que hicieron con esa prenda?
Pactos.
Oh, hicieron pactos. Ok, pactos...
Ok, los pactos son para cumplirlos, ¿no? para obedecerlos. Lo que tú estás diciendo ¿lo puedes sustentar ante el trono de Jehová como verdad?
Sí.
¿Cuántos son ustedes ahí? ¿Cuántos son?
Treinta.
¿Y tú eres el Jefe ahí?
Sí.
Lo que tú dices. ¿Lo puedes sustentar ante el trono de Jehová que dices la verdad?
Sí.
Bien, tú sabes que esta mujer le pertenece a Jesucristo, ¿no? a Jesús, y tú sabes lo que hizo Jesús en la cruz del calvario y Jesús hizo ahí un pacto de sangre ahí, tú sabes ¿No?
Y el pacto de sangre de Jesús es de bendición, es todopoderoso y eterno.
Sí.
A esta mujer como es cristiana, ese pacto es el que vale en ella. Tú lo sabes.
Sí.

Así es, quiere decir que ese pacto que te mandaron a hacer a ti, ese pacto ya no existe. Ya quedó quitado.
Tú lo sabes.
¿Lo sabes o no lo sabes? ya se anuló .ok demonio, tú te vas a lo último, OK? Tus treinta demonios salen de ella para siempre, ¿ok? ¿Está claro? ¿Está claro?
Pero la odiaban, la odiaban a su mamá.
¿Cómo?
La odiaban a su mamá.
¿A ella?
A su mamá.
¿Claro, su mamá a esta mujer la odiaba?
La odiaban a su mamá.
Ah!, OK, la odiaban, guau! De hecho, a la mamá de ella también le hicieron brujería ¿no?
Si.
¿Y tú tienes demonios colocados también en la mamá de ella?
Si, para que se enferme.
¿Para qué se enferme?
Ok
Si.
OK bien, demonio, tú te quedas a lo último ¿OK? ¿Tú sabes que tu tiempo se acabó ya en esta mujer? ¿Ya sabes que se acabó?
Bien, los 30 demonios que tienes tú en esta mujer, con todo tu reino, y los que tienen colocados en su mamá ¡salgan de ahí para siempre! OK? ¿Está claro?
¡Fuera de ahí! ¡En el nombre de Jesús, tú te quedas ahí a lo último! Desocúpenla enseguida, y se van todas las enfermedades, todo enseguida ¿está claro?
Me quiero quedar.

No. Yo sé que te quieres quedar, de hecho tú estás acostumbrado a estar ahí, pero de hecho no depende de eso, tú sabes que estás por los pactos que se hicieron ahí.

Hay pactos que hay cumplirlos, así es. El pacto que te mandaron hacer a ti, ese pacto ya se anuló, se quitó, y ahora el pacto que vale en esta mujer es el pacto de Jesús. Tú lo sabes bien, tú lo sabes bien.

¿Tus 30 demonios, se fueron ya?

No

¿Cuántos quedan?

Siete.

OK, que salgan enseguida. Los siete demonios que quedan en esta mujer salen de allí enseguida, en nombre de Jesucristo, no van entrar más en esta mujer, ni en su casa, nada en absoluto, en el nombre de Jesús, salen lejos de esta familia.

OK ¿se fueron todos ya?

Hay tres.

Quedan tres, OK.

¡Los tres demonios que quedan, los envió para el fondo del abismo en el nombre de Jesús! ¡Fuera de ahí!

¡Fuera de ahí!

Pero, se quieren quedar en su hijo.

¿Cómo?

Que se quieren quedar en su hijo.

Oh, ¿también tienes en su hijo?

Tampoco, ok? ¡Que salgan del hijo enseguida!

OK, Los tres demonios que estaban en esta mujer. ¿Se fueron ya?

Quedo uno.

OK, ese uno se va de ahí inmediatamente para el fondo del abismo inmediatamente. ¡Fuera de ahí!

OK, ¿se fue ya?

Sí

Lo puedes sustentar ante el trono de Jehová, que dices la verdad que los 30 demonios que estaban en esta mujer, se fueron ya.
Si.
Bien, ahora que salgan en el nombre de Jesús, los demonios que están en el hijo de esta mujer ¿Ok?, Y los que estaban en la mamá, los que están bajo tu reino. ¿Está claro?
¡Fuera de ahí! Tú te quedas a lo último. Cuando se hayan ido todos de ahí, me avisas inmediatamente, en el nombre de Jesús.
¡Ya!
¿Lo puedes sustentar ante el trono de Jehová que se fueron, ya?
Si.
Demonio tú eres el encargado del Asma ¿no?
Si.
Eres un demonio muy conocido a nivel mundial ¿no? ¿Asma no? ¿Te mantiene muy ocupado no? Mm, tremendo.
¡Bien! Tu turno asma. Antes de irte, ¿quieres decirle algo al mundo entero? ¿Algún mensaje? Para que te pongas tú en parte con Cristo bien.
No.
¿No? ¿Ya te quieres ir de ahí enseguida?
OK te vas de ella de ahí para siempre...
¡Un momentito!, asma, ¿queda algún demonio escondido ahí, en esta mujer de altos rangos?
Si.
¿Quién queda?
Vergüenza. Temor. Eso.
¡OK, el demonio de vergüenza, temor, se van de ahí para siempre en el nombre de Jesús! ¡Temor, vergüenza, se van de ahí en el nombre de Jesús con su reino! Y los envío en el nombre de Jesús al fondo del abismo, inmediatamente. ¡Fuera de ahí!
OK asma, ¿se fueron todos de ahí ya?
¿Se fue temor, se fue vergüenza?

Si.

¿Lo puedes sustentar ante el trono de Jehová, que dices la verdad?

El Ahogo se quiere quedar.

Ahogo, también contigo Ahogo. ¡Te vas para siempre al fondo del abismo en el nombre de Jesús! ¡Inmediatamente! ¡Fuera, Ahogo! Para siempre. ¡Fuera de ahí Ahogo! ¡Fuera de ahí en el nombre de Jesús! Para siempre, esa brujería se rompió. No te puedes quedar ahí.

OK. ¿Asma se fue? ¿Se fue el Ahogo?

No

¡Ahogo! Contigo Ahogo, ¡no tiene ningún derecho legal, ningún permiso legal, por lo tanto en el nombre de Jesús te expulsó de esta mujer para siempre! ¡Te envío para siempre al fondo del abismo inmediatamente! ¡Fuera de ahí, Ahogo! ¡Fuera de ahí!

¿Se fue, Asma?

Sí.

Bien, ¿lo puedes sustentar ante el trono de Jehová, que dices la verdad Asma? ¿Se fue, Ahogo?

No. Está aquí.

Asma, ¿Ahogo es tuyo? ¿Es de tu reino?

No.

¿No? Porque entraron juntos. ¡Échalo, expúlsalo de ahí Asma! Te delego autoridad, para que lo saque de ahí. En el nombre de Jesucristo. ¡Sácalo ahí!

Pero el vino sólo.

¿Cómo?

El vino sólo. Con el miedo

El vino sólo. Oye, ¿el miedo se fue ya?

Si.

Ahogo, no te puedes quedar ahí. ¡Fuera de ahí, Ahogo! Para siempre, para siempre.

¿Se fue Asma? ¿Ahogo, se está yendo?

Si.
No hay derecho legal.
Tienen que irse de ahí.
No hay opción.
Se quitó el miedo.
Esta mujer le pidió perdón por el miedo. Miedo también se fue, ¡tienen que irse para siempre, en el nombre de Jesús Ahogo también!
OK. ¿Se fue Ahogo de ahí, Asma?
Pero ella tenía miedo de ahogarse, por eso yo me quiero quedar.
OK, pero esta mujer, ya no tienen miedo, ¿te acuerdas que esta mujer ya le confesó el pecado a Jesús, ahorita?
Que renunció al miedo, te acuerdas? Jesús la perdono.
Si.
OK, Dios no ha dado espíritu de cobardía sino de poder, y de dominio propio, tú sabes eso. Esta mujer ya lo confesó, tienen que irse todos de ahí. ¿OK?
¿OK?
¡Fuera de ella! Ahogo, en el nombre de Jesús, fuera de esta mujer. ¡Fuera para siempre!
¡Yo vivo aquí! ¡Yo vivo aquí!
Yo sé que vivías ahí, pero no se puede hacer nada, todo tiene su tiempo. Todo tiene su tiempo.
¿OK?
¡Vete de ahí Ahogo!, para siempre, en el nombre de Jesús.
¡Te expulso de ahí, en el nombre de Jesús para siempre! ¡Te expulso de ahí! ¡Fuera de ahí! ¡Fuera de ahí, rápido! Para siempre, en el nombre de Jesús.
Esta mujer queda libre y sana ¡libre y sana! Libre y sana, queda esta hija de Dios.
¿Tú sigues ahí, Asma?
Si.

¿Quién está ahí? ¿Asma? ¿Ahogo se fue? ¿No?
Queda uno.
OK,
¡Fuera de ahí para siempre! El que queda por ahí se va enseguida, en el nombre de Jesucristo ¡Fuera para siempre! ¡Fuera de ahí! ¡Fuera! ¡Fuera de ahí, de esta mujer para siempre! ¡Fuera de ahí para siempre! Esta mujer queda libre, y sana, esta mujer ya renunció a el temor, miedo.
¡Queda libre y sana! En el nombre de Jesús. Esta mujer es libre y sana, solo Jesucristo es el poder.
Esta hija de Dios, queda libre y sana. Ciertamente Jesús llevó las enfermedades, y por sus llagas hemos sido curados. Curados.
¡Fuera de ahí totalmente! Eres libre, en el nombre de Jesús, eres libre y sana, todo eso que pasó ahí, se acabó ya. Todo eso ya se acabó, la enfermedad se acabó.
¿Tú estás ahí, Asma?
Si.
Asma, ¿Ahogo se fue? ¿No?
Si.
OK, tu turno Asma.
OK?, estas son hijas de Dios, no te puedes quedar ahí.
OK Asma ¡Fuera de ahí! En el nombre de Jesús, nunca más vas a volver a esta mujer, ni a sus hijos ni a su casa.
Esta mujer queda libre ahora, en el nombre de Jesús, ¡fuera de ahí!
Esta mujer queda libre, sólo la sangre de Jesucristo es el sello, un precio alto, esta mujer queda libre y sana en el nombre de Jesús, de Asma, del miedo de todas esas cosas. Solo la gloria y la honra es todo tuyo Jesús, tu pacto de sangre Señor, anula todos los pactos de brujería, y todos esos pactos.
Gracias Jesús, gracias Jesucristo, gracias Jesucristo.
Gracias Jesús por liberar esta mujer.

A esta hija tuya. Gracias Señor Jesucristo. Gracias Jesús.
¡Eres libre hija de Dios! ¡Di gracias, señor Jesucristo!
¡Gracias Jesús!
¿Amén?
Sí, sentía mucho, mucho calor, y a la vez frío en los pies, mareos, mucho mareo.
Si.
Ahora me siento diferente, me siento muy diferente.
¡Claro!.
¡Todo se acabó!
Gloria Dios, gracias Señor.

6. Adicción a las drogas y alcohol

Hola, Mi nombre es Luis Alberto Valenzuela Araya soy Chileno y vivo en la Ciudad de Santiago en la comuna de Puente Alto, actualmente en Villa Primavera junto a mi madre Marisol, su esposo Fernando, mi Hermano Fernandito, mi Abuela y mi hermana con mis 2 sobrinitos (Sebastián y Nicolás). Desde hace muchos años padezco de una enfermedad de adicción a la Cocaína pero tan solo hace 2 años que vi que el problema era realmente una enfermedad grave que me estaba consumiendo y quitando la vida.

Yo crecí Junto a mi familia constituida por mi Padre (Luis V.) y mi Madre (Marisol A.) y mi hermana (Claudia). Mi Padre también fue alcohólico y probo algunas drogas pero no tuvo una adicción tan fuerte como la mía y se pudo alejar de todo esto. Actualmente no fuma, no bebe, ni menos ingiere ningún tipo de droga. Está dedicado al deporte tiene una escuela de futbol y ahí pasa la mayor parte de su tiempo, también es muy creyente en Dios.

Desde los 11 años comencé a vivir junto a mi padre y su nueva familia su mujer (Mónica) y mi hermano (Aldo) y luego nació mi otro hermano menor (Antonio).

Recuerdo estos años con algo de melancolía, pero para mí fueron los mejores años, ya que en ese entonces conocí a Marta. Ella era mi vecina y éramos súper amigos jugábamos casi todas las tardes durante largas horas. Al pasar de los años crecimos y a los 14 años iniciamos un noviazgo hasta los 17 años. Era muy feliz, pero todo termino y comencé a vivir una vida desordenada.

Me comenzó a ir mal en los estudios, ya no me importaban mucho las cosas, solo pensaba en ella, y comencé a tomar mucho alcohol en ese momento, a emborracharme muy seguido, fumaba de vez en cuando pero tomaba mucho, aun no entraba en el mundo de la droga que años después conocería.

Luego de pasar por esta decepción amorosa, comienzo a construir nuevamente mi vida y vuelvo junto a mi padre ahí comienzo a trabajar y me empieza a ir muy bien, lo suficiente para vestirme darme algunos lujos y salir de fiesta con amigos, solo tomaba alcohol y fumaba en este entonces. Al cumplir 19 años nuevamente aparece en mi vida Marta, que nunca la había olvidado y quisimos intentar nuevamente una relación, al principio fue difícil, pero el amor supero todos los obstáculos y nos volvimos a enamorar. Llevábamos 2 años de noviazgo y nace nuestra única hija (Fernanda V.)

La primera vez que probé Cocaína fue con un grupo de ex amigos los cuales permanecieron muchos años en mi vida lamentablemente. Actualmente ninguno de ellos es mi amigo y no tengo contacto alguno. Al principio era solo algo nuevo, una vez al mes, podían pasar meses y luego probaba nuevamente y así me mantuve por muchos años en un consumo social solo en ocasiones. Los últimos cinco años comenzó a intensificarse el consumo siendo este todos los fines de semana y en los últimos dos años comencé a consumir también durante la semana. Los días que tenía que trabajar me levantaba casi sin dormir y estaba en el trabajo muy mal de ánimo y con mucho sueño.

Marta, mi mujer se dio cuenta casi en los cuatro últimos años de consumo, recién se enteró que pasaba conmigo. Ella pensaba que yo le era infiel, que tenía otra mujer, pero la verdad era que pasaba después del trabajo a buscar la droga (Cocaína) o me juntaba con amigos para consumir, beber y después llegaba a la casa. Ella sufría mucho porque yo le mentía casi siempre, siempre con el fin de consumir droga. Había periodos en donde me mantenía en abstinencia dos a seis meses y en esos momentos mi vida cambiaba y era muy feliz, pero después aparecía la tentación y volvía con la rutina del consumo. Lo más próspero fue una etapa donde estuve casi dos años sin consumo, ahí en este momento de mi vida, teníamos ya nuestra casa y empezábamos a juntar dinero para comprarnos el deseado auto que después de dos años lo compraríamos. Recuerdo esos años y fueron maravillosos, ya que llegaba a mi casa y no pensaba en consumir, pude disfrutar a mi hija y a mi mujer en estos dos años y a mis familiares (padres, suegros y hermanos) que nos visitaban mucho.

Luego de este periodo todo se puso muy mal, mi consumo no lo podía controlar como antes y en este entonces Marta empezó a sospechar. Hasta que un día ella encontró restos de Cocaína en el baño y desde ahí le confesé, pero le prometí que la dejaría, lo que nunca pude cumplir sino hasta ahora pude cumplirlo, gracias a la Liberación de Jesucristo mi señor por medio del Sr. Roger Muñoz.

Les voy a contar como fueron estos últimos dos años, en donde se desato mi enfermedad, en donde empezó una guerra espiritual y carnal terrible que nunca antes había vivido.

Quiero confesar antes, que yo como creyente en Dios nuestro padre y Jesucristo su único Hijo nuestro salvador y el Santo espíritu Santo, jamás creí que el poder maligno podía entrar en mí y hacerme cometer actos malos y entrar en el mundo de la pornografía, que ese tipo de cosas y pensamientos jamás los tenia estando consciente y con mis cinco sentidos. Este poder maligno tomaba forma cada vez que yo consumía ahí era donde tomaba control de mi cuerpo y de mi mente. Estando yo con mis cinco sentidos y sin consumo, lo único que provocaba en mí, eran deseos de consumo, una enorme frustración, baja tolerancia a soportar rabias y salir de los problemas, anulaba también mis emociones y mi corazón se estaba poniendo rígido y estaba perdiendo los sentimientos de amor y compasión hacia los demás.

Yo lo definía de esta forma y con estas palabras lo que me estaba ocurriendo "Es como estar en el mismo infierno, sentía temor, veía personas corriendo, oía voces gimiendo, sentía desesperación pensaba que alguien me perseguía y estaba observándome. Quería descansar pero no podía quería dormir pero no podía, nada me saciaba ni la comida, ni la bebida, ni el agua, estaba viviendo mi propio infierno, me estaba destruyendo, mi cara y mi rostro cambiaban, mis ojos se perdían.

Durante estos dos años realice dos tratamientos de rehabilitación de drogas y alcohol. El primer tratamiento duro ocho meses aproximadamente. Fue en una institución del gobierno de chile llamada Cosam, este fue un programa ambulatorio que me permitía continuar con todas mis actividades cotidianas incluso trabajar. En este programa tenia secciones de sicóloga y de una siquiatra que nos veía 1 vez al mes y nos daba los medicamentos necesarios de acuerdo a lo que yo sentía y la ansiedad que tenía. También teníamos terapias tres veces a la semana por tres horas diarias y también incluía una sección de acondicionamiento físico y un día opcional de deporte con talleres de futbol y tenis. La verdad que este programa era espectacular para alguien que realmente estaba iniciando una adicción y aun no caía en las redes del maligno totalmente.

Yo solo alcance en este programa un máximo de tres meses de abstinencia sin consumo. Luego comencé a recaer en el consumo casi una vez al mes, hasta que me sacaron del programa y solamente me dejaron con una sicóloga una vez a la semana. Esto creo en mí una gran frustración que no pude tolerar y comencé un consumo diario que me llevo a una depresión y ya no tenía ganas de trabajar, por lo cual tuve la necesidad de seguir un tratamiento más intensivo.

En el segundo tratamiento intensivo de internación estuve cinco meses limpio de drogas y alcohol. Esto significa que estaba las 24hrs. del día los siete días de la semana en tratamiento, en un ambiente libre de drogas y alcohol, esta institución tenía el nombre de Centro Vida. Acá adopte mecanismos de tolerancia ante la frustración y también aprendí a conocerme mejor, todas mis cosas buenas y también las malas. Aprendí a mejorarlas y trabajar en ellas con un propósito claro, luchar día a día por la rehabilitación, digo "rehabilitación" ya que estos programas solo ofrecen eso, ya que los profesionales que atienden estos centros (sicólogos y terapeutas y técnicos en rehabilitación) ellos insisten en que las personas estarán enfermas de por vida y deben cuidarse de por vida de esta enfermedad. Ellos te enseñan como adoptar mecanismos para manejar mejor tus temperamentos y controlar las fallas del carácter que todo individuo posee. Te enseñan a mejorar tus controles internos y no depender de sustancia alguna o persona para vivir, pero jamás pueden o harán algo en contra de la ansiedad y de los deseos de consumir, ¡no los pueden sacar de tu organismo o de tu mente!

Te enseñan que solo tú puedes controlar esto, la verdad es que finalmente el porcentaje de rehabilitados es muy bajo solo alcanza al 30% del total de la población de personas que buscan una rehabilitación. Es muy costoso este tratamiento y su duración es de un año y un mes.

Cabe recalcar que todos estos tratamientos solo ayudaron con un granito para mejorar y mantenerme estabilizado y no empeorar en mi adicción. Aprendí a ser más humilde y tener claro dos cosas, que mi problema no era el alcohol ni tampoco el cigarrillo, solamente era la droga llamada Cocaína y una cosa tenia clara era que mis ganas y deseos por mejorarme siempre estaban y nunca decaían.

Lo peor ocurrió una vez que me salí de este segundo tratamiento, ya que tuve muchas recaídas y estuve un mes completo en consumo, alejado de mi hija y de mi mujer Marta. En este mes sufrí mucho ya que perdí todo lo que había construido en los cinco meses anteriores. Se quebró la relación que más me dolía (con mi hija y mi mujer Marta) también se quebró la relación con mi Padre y su pareja Mónica y mi hermano Antonio, también se quebró la relación con mi suegro, suegra y cuñada. También durante este mes sufrí un accidente automovilístico en una carretera. Casi me costó la vida en dos oportunidades, producto del consumo de cocaína y alcohol y sucesivas noches sin descansar ni dormir me decidí ir en un viaje de trabajo junto a mi hermano a la ciudad de Viña del mar (Chile aprox. A 150 Kilómetros de Santiago donde yo vivía). Nos enojamos y discutimos con mi hermano y eso provoco que yo me quedara solo en viña del mar y empezara mi consumo. Después de terminar con todo el dinero que tenía, eran ya las 06:00 AM y me decidí a volver a mi casa desde viña del mar y manejar por la carretera a Santiago. Me estaba quedando dormido al volante y en dos ocasiones me estrelle contra los muros de contención de la carretera. Solo Dios pudo haberme salvado de estos dos accidentes en el mismo trayecto. Desde que pude sobrevivir de estos dos accidentes supe que algo divino no quería que me perdiera y que quería mi salvación y me estaba dando señales de que debía cambiar mi vida y encontrar algunas respuestas y salida definitiva a todos mis problemas. Fue en ello que comenzó mi búsqueda en internet, por milagros primeramente y testimonios de ex adictos a las drogas y alcohol, fue entonces que por tanta búsqueda Dios puso en mi camino al hermano Roger del ministerio de Cristo Libera he inmediatamente comenzamos charlas. Primeramente una noche me hizo una sanación para poder dormir y librarme del insomnio horrible que tenía, esa noche logre descansar, como hacía mucho tiempo no podía dormir, al otro día desperté feliz y seguimos el contacto. Leí y vi todos sus videos y seguí al pie de la letra todas sus instrucciones para realizar la liberación de los demonios.

Al paso de una semana coordinamos dicha liberación exitosa en el Santo nombre de nuestro Señor Jesucristo. Fue una experiencia maravillosa y de verdad lo que sentí lo voy a describir con las siguientes palabras: "Me sentí como si mi cuerpo pesara un kilo nada más, muy liviano, ya no tenía peso en mis hombros ni en mis extremidades. La cabeza la sentía alivianada y una felicidad que jamás la había sentido, me sentía dichoso, quería cantar bailar y darle gracias a nuestro señor por su obra maravillosa en manos del hermano Roger.

Hoy puedo decir que todo se lo debo eternamente a la gracia de Dios y a su amado hijo Jesucristo nuestro salvador y a al Espíritu Santo. Soy libre de las ataduras de la adicción de la Cocaína, alcohol y cigarrillo, también de un montón de demonios y maldiciones que habían echado en mis familiares cercanos. Todo esto en manos de mi hermano y gracias a su hermosa obra de este ministerio de salvación, muy agradecido del hermano Roger Muñoz.

AUTOR: ROGER D. MUNOZ

7. Libre de una vida de destrucción

Esta historia relata los hechos reales de una vida sin cristo, los acontecimientos de las maldiciones generacionales y las consecuencias del pecado, la experiencia de recibir el perdón de Dios por su gracia y su misericordia de una vida trasformada por el poder sobrenatural de Dios, la bendición de ser liberado por la preciosa sangre de Jesús.

Cuando era una niña mi madre me golpeaba mucho, me gritaba muchas malas palabras, me daño, verbalmente, físicamente y emocionalmente. Nunca recibí un abrazo de ella, menos una palabra de afecto, como un te quiero, mi padre no lo conocí, pues ellos se separaron, cuando yo tenía como un año y murió sin que lo conociera.

Tenía un padrastro que fingía querernos mucho, a mí y a mis hermanos, delante de mi madre y de los demás.

Todo mundo decía que era muy bueno, pero nos molestaba sexualmente a mí y a mis hermanas, nos besaba y nos tocaba. Nunca le comentamos nada a mi madre, ni a nadie por vergüenza y por miedo, pues mi madre nunca hablaba con nosotros no había confianza, no había comunicación y le teníamos mucho miedo, porque era muy violenta, agresiva y enojona por todo explotaba en ira, y también mi hermano. El mayor intento violarme pero llego en ese momento mi hermana la mayor y no pudo hacerme nada y tampoco nunca, dijimos nada ni yo ni mi hermana por el mismo miedo y vergüenza. Yo tenía como 12 años cuando sucedió esto y mi vida siguió como si no hubiera pasado nada, .paso el tiempo, estaba estudiando para enfermera, nunca pude concentrarme en los estudios, mi mente y mis emociones estaban muy dañados, lo único que deseaba era salir de mi casa para siempre.
Mi mamá me mando para Culiacán y allí me quede para seguir mis estudios, creo que allí sentí respiro y alivio, no deseaba regresar para atrás a casa, pero lo tenía que hacer, cada fin de semana a la fuerza, porque asi lo quería mi mamá.

Iba a cumplir los 17 años cuando conocí a mi primer esposo, me puse de novia con él, él venía de Estados Unidos y se tenía que regresar pronto, le dije que me llevara con él, pero no lo quería, él tenía 23 años me dijo que si, y me fui con el dejando los estudios, pero en ese momento, me dejo con su mamá, a los meses regreso por mí, y nos fuimos para Estados Unidos, pensé que mi vida iba a cambiar, pero no fue así porque los dos estábamos demasiado dañados, empecé hacer muy violenta y agresiva con él, y el también conmigo los dos nos decíamos malas palabras, no había respeto, ni confianza, ni comunicación. Era un hombre seco y frio, me sentía sola, desprotegida y rechazada.

Con mi mamá no quería regresar, así que seguí viviendo con él, y un día estaba sola pensando que hacer, no tenía a nadie que me apoyara, no tenía a donde ir, no contaba con nadie para dejarlo, entonces tome la decisión de suicidarme, empecé a buscar pomos de pastillas y me las tome todas hasta que no supe de mí, cuando desperté estaba en el cuarto de un hospital con suero y vomitando y tenía sondas, y el allí mirándome como si nada hubiera pasado, no me dijo nada ni yo tampoco. Tres días después salí del hospital. Y al poco tiempo salí embarazada y el me empezó a llevar con los testigos de jehová, le dijeron que nos teníamos que casar y nos casamos. Y así paso el tiempo, tuve a mi segunda hija y me abandono, se fue para otro estado dejándome sola con las niñas y sin dinero vendí todos los muebles para irlo a buscar, a los meses nos juntamos otra vez y salí embarazada de nuevo, pero el ya andaba con otra mujer, nació nuestra tercera hija y a los 3 meses de nacida, nos abandonó para irse a vivir con la otra mujer, los encontré juntos y casi los mato a los dos ,fuimos a parar a la cárcel, pero salimos el mismo día.

El era un vendedor de drogas y me había enseñado a venderlas, así que cuando se fue, yo ya sabía hacer eso, y empecé a trabajar derecho y chueco, hacia las dos cosas, para sacar adelante a mis hijas. Una amiga me llevo con un brujo para hacer que el regresara, pero no funciono, ya no volví a saber nada de él, paso el tiempo y conocí a otra persona también vendedor de drogas, pues yo estaba trabajando en eso, me enamore de él y nos juntamos me sentí un poco más feliz con él, pero al tiempo empezó andar con

diferentes mujeres me hice más violenta y más dura de corazón. Así seguí viviendo con él. Deseaba vivir toda mi vida con él. Tomaba mucha cerveza y yo empecé a tomar como el, y me llevaba a los bailes. Un día nos cayeron los policías narcóticos, casi pierdo a mis hijas, salimos huyendo del país para México. ~~con~~ Las niñas se las deje a mi mamá y nos regresamos para Estados Unidos y seguíamos en lo mismo. Busque ayuda con un brujo para que me hiciera limpias y me diera protecciones y también para que mi marido ya no anduviera con otras mujeres. Así paso el tiempo y mis hijas seguían en México con mi mamá.
Él quería un hijo y yo también así que salí embarazada, deseábamos un varón y así fue Dios me lo concedió.

Fue una gran alegría para mí, durante el embarazo mi marido se enredó con otra mujer y esta empezó hacerme la vida imposible, me llamaba para reírse de mí, diciéndome que estaba con él. De nuevo fui con el brujo pues ya se había hecho mi amigo, pero no funciono porque él no la dejo, casi pierdo al bebe a los tres meses de embarazo, paré en el hospital y lograron detenerlo, y el seguía con ella. Llegó el día que iba a dar a luz al bebe y el solo se estuvo como 1 hora en el hospital cuando nació, dure 2 noches en el hospital, fue un 23 de Diciembre y me dieron de alta el 25 llegue a mi apartamento muy feliz con Alex. Encontré un verdadero desastre, botellas de cerveza por toda la sala y la cocina mi recamara toda desordenada y el baño, todo era un desorden y yo no había dejado así. Comencé a sospechar que esa mujer había estado allí, entonces le dije a mi marido y se enfureció casi me pega, discutimos y nos dijimos muchas malas palabras. A la semana ella me llama por teléfono y me dice riéndose, ya te diste cuenta que dormí con Daniel en tu cama las dos noches que estuvistes en el hospital, eso me destrozo mi corazón y mi alma más de lo que ya los tenía. A ella le fingí que no me interesaba para que no notara mi dolor. Cuando llego el, casi lo mato con un cuchillo, él se defendió, me quito el cuchillo cortándome el dedo y empezaron los golpes y él bebe llorando en la cuna, solo tenía una semana de haber nacido. Le saque toda su ropa para afuera y lo corrí de mi apartamento. Paso una semana y me llamo para preguntar por el niño y para decirme que se iba para otro estado a llevar un viaje de drogas, le dije que no me interesaba y lo maldecí, se fue y callo a la cárcel.

Le dieron siete años, paso un año y me traje a dos de mis hijas de México, dejando una con mi mamá, a la más Cchica,

Se me hacía muy pesado para mi sola traerme a las tres y con el niño chico. Y empecé a trabajar otra vez en lo mismo y así paso el tiempo. Odiaba a los hombres empecé a tomar mucho, y la amargura se hacia más grande cada día en mi alma, me sentía la mujer más infeliz del mundo. Conocí a otro vendedor de drogas, tenía mucho dinero, pero era casado tenía su familia en México, me empezó ayudar mucho económicamente y empecé andar con él, me daba todos los lujos que yo quería. Paso el tiempo y salí embarazada, yo no quería ese bebe y el tampoco así que me llevó a una clínica de aborto, y aborte ese bebe. Paso un poco de tiempo y él se vino a vivir conmigo, me dijo que ahora si quería tener hijos conmigo. Al tiempo salí otra vez embarazada y no sé por qué cuando nació empecé a sentir mucho rechazo por esa niña. El mando traer a su esposa de México y se fue con ella para otro estado pero me llamaba y me mandaba dinero. Fui con mi amigo, el brujo y le pedí que lo regresara, él me dijo que iba hacer que le fuera mal en el dinero para que mandara a la esposa para atrás y se regresara conmigo y así fue, si se regresó pero sin nada, mandamos a esa niña para Mexicali con una hermana. Y allá se quedó por mucho tiempo. Volví a salir embarazada y a esta bebe si la quería no sentía rechazo por ella, pero cuando nació, él nos abandonó, dejándonos en la calle, pasamos hambres y andábamos de un lugar a otro no tenía una estabilidad para mis hijas, ya no supe nada de él.

Mi vida ya estaba destruida y con tremendas depresiones, empecé andar con hombres para sacarles dinero, para poder sobrevivir, pues en todo lo que yo trabajaba, me iba mal, estaba viviendo con una amiga cuando de repente se me enferma Alex, ya tenía siete años, lo lleve al hospital y se puso muy grave. Tenía que hacerse un trasplante de hígado no encontraban uno que fuera compatible para él. En ese tiempo de espera su cerebro se fue muriendo, hasta que llego un hígado para él, llegó el cirujano y me dijo ya vamos hacer el trasplante, se lo van a llevar al quirófano, la operación va a durar 13 horas y la verdad no le aseguro que el niño salga con vida del quirófano, yo lo veo muy mal pero vamos hacer todo lo posible por salvarle la vida, eso me dejo paralizada, se me bloqueo la mente, estaba a punto de volverme loca. No podía aceptar eso Alex era mis ojos, entré en una tremenda aflicción que ya ni sabía lo que sentía, un miedo horrible, que nunca había experimentado, no hallaba a qué imagen pedirle pues es lo que me había enseñado mi mamá, adorar imágenes. Mande a una de mis hijas con mi amigo el brujo para que le dijera que hiciera algo para que no muriera. Estaba muy desesperada, me acerque con una enfermera y le dije aquí no tienen Biblias? si me dijo ahorita le traigo una. Nunca en mi vida había leído una, comencé a leer el libro de juan donde Jesús andaba sanando a los enfermos, pero escuche una voz que me dijo, los milagros no existen, no existen. Dije en realidad nunca he creído que existan, pero seguí leyendo y escuche otra voz que me dijo háblale a tu hermana y dile que vaya a la iglesia donde ella iba antes y pida oración por ti y por el niño. Rápido le llame y le dije que fuera, ella no quería ir le daba vergüenza porque hacía mucho tiempo que había dejado de ir, pero llorando se lo pedí. Y si fue, me llamo para darme el número de la iglesia. Yo llame y les pedí que oraran por nosotros. Allí recibí a Jesús por primera vez en mi corazón. Seguía leyendo la biblia, eso me daba un poco de tranquilidad, hasta que pasaron las horas y la enfermera me dijo ya van a traer al niño a su cuarto ya termino la operación, ahorita viene el cirujano hablar con usted. Como a los 5 minutos veo venir al cirujano y corro con él por el pasillo, atrás traían a Alex en la camilla y venia rodeado de todos los médicos que habían estado en el trasplante, corrían con él para conectarlo a las maquinas, le pregunte como esta Alex solo me dijo hay que esperar, cómo reacciona con el hígado nuevo y se fue con las enfermeras a darles instrucciones. No me dejaron entrar al cuarto del niño, pero la puerta del cuarto estaba abierta, y yo miraba todo de afuera, cuando de repente corre una enfermera y me dice firma aquí, hay que operar al niño inmediatamente de la cabeza ya no hay tiempo de llevarlo al quirófano aquí en el cuarto se va a operar. Todo el oxígeno se estaba yendo por el cuerpo del niño, su cerebro se estaba presionando, comenzó a hincharse todo parecía que iba a explotar, abrieron su cabeza y metieron un tubo para sacar la presión, me acerque hasta el marco de la puerta, y de repente sentí una mirada muy fuerte, volteo y a los pies de la cama de Alex estaba parado el espíritu de la muerte, se me quedo mirando fijamente a mis ojos, me dejo paralizada y sentí un viento muy fuerte que pego contra mi pecho, me dejo debilitada, sin fuerzas y temblando, comprendí que Alex iba a morir.

Me di la media vuelta y me fui para otro cuarto donde estaban dos de mis hermanas y dos sobrinas. Ese cuarto me lo prestaba una enfermera para que descansáramos allí. Le dije a mi familia que quería estar sola, se fueron a la cafetería. Ya sola comencé a llorar y a gritar. Me acosté en una cama que estaba allí, estaba una ventana al pie de la cama las persianas estaban abiertas y estando acostada bocarriba mire al cielo llorando y empecé a decir, Dios yo no sé si tu existes, no sé si eres real, pero si existes porque te quieres llevar al niño, ten misericordia de mí y del Alex yo soy la que ha hecho muchas cosas malas, pero él es inocente, él ni siquiera sabe lo que yo he hecho, apenas es un niño va comenzando a vivir, de repente se deja venir una luz del cielo y traspaso la ventana llego hasta donde yo estaba, quede sentada a la mitad de mi cuerpo, con los brazos para arriba, mi rostro inclinado hacia abajo y los ojos cerrados ya no pude hablar, intentaba abrir mis ojos, pero un poder sobrenatural no me dejo abrirlos, de repente sentí como una agua helada, desde la cabeza a los pies, por dentro de mi ser interior y miraba a Alex a través de la pared que nos separaba, sentí que todo lo que sentía se había quitado. Desapareció el miedo, la angustia, la aflicción, todo. De repente sentí la presencia de una persona a mi lado derecho y con la mente pregunte quien es y aquel cuarto se llenó todo con su voz era una voz tan clara, dulce y tierna, me dijo si existo soy real y tú no estás sola yo estoy contigo, soy el Espíritu Santo de Dios. Entonces pude abrir mis ojos y rápido volteé y no había nadie. Pero esa voz se quedó penetrada en mi mente y me empecé a sentir muy avergonzada y muy sucia. Por primera vez tenía conciencia de lo que era el pecado, le pedí perdón a Dios, porque yo pensaba, que no existía, Alex murió cuando yo estaba teniendo ese encuentro con Dios, pero yo no entendí eso hasta después.

Los médicos me mandaron llamar habían reunido a mi familia a dos hermanas y dos sobrinas que estaban allí, me dijeron que tenía que tomar una decisión, que el niño estaba en estado de coma, que su cerebro estaba muerto que si lo quería desconectar o dejarlo así conectado, les dije que lo dejaran conectado porque yo miraba en la máquina que su corazón latía así lo dejaron.

Seguía leyendo la Biblia, le dije a Dios que ya sabía que era real, que me enviara a unos de sus hijos para que me ayudara a tomar esa decisión si lo desconectaba. Al siguiente día iba a sentarme en la sala de espera, y mire dos varones con sus biblias en la manos, mi corazón se alegró cuando los vi, y fui a sentarme, sentí que alguien me estaba viendo y eran ellos se habían sentado cerca de mí y uno de ellos me dijo, usted tiene a alguien enfermo aquí? Le conteste si a mi hijo, él me dijo entonces es a usted a quien venimos a buscar. Nosotros ya no veníamos a este hospital, pero ayer sentimos de parte de Dios, que teníamos que venir aquí, entonces entendí que Dios me mando a sus hijos, el hermano Abrió su biblia y me compartió la historia de Job, le dije que fuera al cuarto conmigo para que oraran por Alex y por mí, cuando se iban a ir me dijo que me iba a mandar a su pastor. Al siguiente día llego el pastor, entro al cuarto del niño y se presentó conmigo, se sentó y abrió su biblia y de nuevo me compartió la historia de Job, se levantó de la silla y se fue hablar con los médicos, regreso y me digo vamos a orar toma las manos del niño, y repite conmigo y empezamos a orar le decía a Dios que le entregaba mi hijo, y le daba las gracias por habérmelo prestado por el tiempo que estuvo con nosotros. Allí entendí que el niño ya había muerto, le dije a la enfermera que lo desconectara, me salí del cuarto llorando y el pastor atrás de mi. Yo vivía en Phoenix Arizona y en el hospital los médicos me habían trasladado al niño para un hospital en Tucson Arizona. Todo esto paso en Tucson Az., le dije al pastor, no tengo un dólar para sepultar al niño, él solo me dijo Dios proveerá. Y así fue, el pastor fue el que realizo todos los trámites de la funeraria, para que pasaran al niño para Phoenix Az. Le dije al pastor que no sabía cómo decirles a mis hijas las grandes que Alex había muerto. Isa ya tenía 17 años y Yesenia tenía 15 me dijo que él iba a esperar que llegaran para decirles el antes de que entraran al cuarto a ver al niño. El se encargó de todo, me despedí de él, y nos fuimos para Phoenix. La más chica tenía 3 años, mis hijas con sus compañeros de escuela hicieron un cars washing y en un dia juntaron más de mil dólares, pusieron cartones con la foto de Alex en las tiendas se juntaron como tres mil dólares y a mí me daban dinero casi todas las personas que iban llegando al velorio se juntaron más de cinco mil dólares, se pagó la funeraria y el traslado para México y todavía sobro. Así como me había dicho el pastor, Dios proveyó todo. Después de su sepultura me fui a buscar la iglesia cristina donde había llamado para pedir oración sabía que necesitaba a Dios para poder seguir adelante. Empecé a ir a todos los servicios, al poco tiempo también mis hijas comenzaron a ir. Dios me dio un trabajo, y seguí adelante a los 4 meses nos bautizamos las 3 juntas el mismo día, a los días recibí el bautismo del Espíritu Santo, al año caí en pecado de fornicación, en ese tiempo llego mi hija la que había mandado para Mexicali con una hermana. Ya tenía Teresa 6 años cuando llego a vivir de nuevo con nosotros, todavía seguía yendo a la iglesia. Isa se casó con un muchacho de la iglesia, Juan y Miriam se casó con un muchacho que no iba a la iglesia. Me quede solo con Helen y Teresa el rechazo ~~asia~~ hacia Teresa regreso y lo empecé a sentir más fuerte cada día. Entonces busque ayuda con mis pastores y con otros líderes de la iglesia, pero nadie me pudo ayudar, no hicieron nada por ayudarme. Esto se convirtió en una pesadilla empecé a tratar muy mal a mi hija llegue a los golpes, a los castigos, gritos. Hablé con mi pastora y oro por mí pero después de esa oración fue peor. Un día en la mañana, estaba acostada de lado y mire como un demonio entro en mi por la espalda era trasparente y azul le comente a mi pastora y me dijo satanás te quiere matar eso fue todo lo que dijo. Deje de ir a la iglesia y a los días mando dos líderes para mi casa querían saber que estaba pasando conmigo porque deje de ir a la iglesia. Ya le había marcado golpes a la niña en su cuerpo les comente eso y también les dije que sentía el deseo de matarla, pero no hicieron nada y se fueron. Al siguiente día mande a la niña a la escuela y la maestra le miro los golpes y me mando a la policía para mi casa, estaba embarazada de un hermano de otra iglesia. Fui arrestada y a nadie le dije del embarazo las consecuencias del pecado. Isa mi hija la mayor tuvo que adoptar a Helen para poderse quedar con ella y a Teresa la perdí en el caso de la corte me la quito el cps y la dio en adopción. El hermano que me embarazo solo fue una vez a ponerme dinero y ya no volvió, ya no supe nada de él. Estando en la celda clame a Jesús le pedí perdón y le pedí que me diera de su paz y el Señor lo ~~hiso~~ hizo, me perdono. Me dedique a leer la Biblia, y a orar. Como había sido deportada antes, me castigaron y estuve presa por tres años. Nació el niño y también me lo quitaron, fue cuando se presentó el hermano y peleo al niño pero lo perdió. Tampoco se lo dieron a él, ya no supe nada del niño, ni de nadie. Mi pastora solo me visito una vez y ya no volvió. Me dedique ayunar, a orar y a leer la biblia.

A los meses tuve un encuentro con Dios en mi celda. Estaba ya casi amaneciendo, cuando sentí que mi alma se salía de mi cuerpo pude ver cuando salí, el Espritu Santo me llevo a un lugar estaba oscuro y había dos casas y me soltó allí una casa estaba enfrente de mi chica y la otra a mi lado izquierdo más grande. Las dos estaban vacías y oscuras, sentí miedo y dije Espiritu Santo ayúdame. De repente se apareció un hombre alto todo de negro y le dije quién eres tú y se desapareció. Entre a la casa que estaba a mi lado izquierdo, toda estaba vacía por dentro y salí y de repente me mire parada en la cima de una montaña mire para arriba venia un helicóptero y una persona allí, mire mi iglesia y luego mire que la persona dejaba caer una bomba grande llena de agua a la iglesia. Luego se dirigió a mí y también dejo caer otra bomba grande llena de agua sobre mi sentí gozo y paz cuando cayó sobre mí y dije Dios y abrí mis ojos y estaba en aquella cama en mi celda desde ese día ya no fui la misma, me levante sintiéndome llena de paz y fuerza y tenía gozo. Me sentía con mucho poder. Empecé a orar por mujeres y recibían a Jesús en ese lugar, se levantaron otras mujeres contra mí pero nunca pudieron hacerme nada. Ellas recibían todo lo que deseaban para mí. Dios siempre me estaba protegiendo, siempre miraba su mano moverse a mi favor, me sacaron de allí de Phoenix me llevaron para Florence Az. Una federal de inmigración. En ese lugar empecé a dar estudios con un libro que se llama una vida con propósito tenía un grupo de 40 a 50 mujeres y oraba por ellas y muchas reciban a Jesús iba a los servicios cristianos de unos hermanos que iban allí de Phoenix eran de la iglesia Amor internacional, eso me ayudaba a fortalecerme más cada día. No sentía el tiempo me mantenía predicándole a las mujeres la palabra de Dios, orando por ellas y dando clases de ese libro. Ttenía muchos ataques del enemigo. Todos los días llegaban mujeres nuevas, y muchas intentaron hacerme daño, pero no podían porque Dios estaba conmigo y muchas de ellas me pedían perdón y oraba por ellas. Estaba ayunando demasiado llegue a pesar 128 a 133 libras. Una noche me sentía muy débil, estaba llorando y orando le pedí a Dios que me fortaleciera que quería sentir, su presencia más palpable, en la mañana siguiente me despertó una mano que traspaso mi mejía derecha dándome una acaricia, sabía que era Dios me lleno de fortaleza y de gozo y más ganas de seguir enseñando la palabra de Dios y seguían aceptando a Jesús más mujeres que llegaban a ese lugar. Otra noche también estaba muy débil y me sentía sin fuerzas para seguir me incline a orar y le pedí a Dios que me diera un abrazo que quería sentirlo de nuevo y me acosté a dormir bocarriba y me abrase yo sola me cruce los brazos en los hombros para abrazarme y así me quede dormida. En la mañana desperté y todavía estaba abrazada y quise quitar mis brazos pero un poder sobrenatural no me dejo sentí el abrazo de Dios me lleno de nuevas fuerzas y de gozo y mucha paz. A los días me llevaron para Seattle Washington, a otra detención federal de inmigración, allí no había ningún servicio cristiano seguía orando, ayunando y leyendo la biblia y libros de Joyce Meyer pronto les empecé hablar de Jesús a las mujeres. Allí todas se dieron cuenta que era cristiana y empezaron a ir solas a mi celda para pedirme oración por ellas y por sus familias. Empecé a escuchar una radio cristiana, salía un programa que se llama el Dios de lo imposible con el pastor Jorge Gutiérrez y otros líderes de su iglesia Cristal y el pastor Roger Muñoz. Todos los días la escuchaba cuando ellos oraban. Yo oraba con ellos eso me fortalecía cada día y en mi celda. Cada día recibía mujeres, el señor hizo muchos milagros en ese lugar. Una muchacha le entrego su vida a Jesús, empezó a ayunar, a orar y a leer la biblia, al poco tiempo el señor la cambio ya no era misma y ella oraba por las mujeres y enseñaba como yo. Dios también la empezó a usar a ella empezó otra vez a tener muchos ataques del enemigo. Una noche tuve un sueño me mire en un lugar oscuro y de repente mire que venían 3 perros negros con toda la intención de atacarme, pero cuando ya iban a llegar a donde yo estaba se detuvieron de una y agacharon la cabeza y se fueron. Al siguiente día, estaba leyendo la Biblia y llegaron 3 mujeres dispuestas a golpearme entre ellas mi compañera de celda, pusieron música mundana y dijeron que iban hacer una fiesta, y empezaron a decir muchas malas palabras, estaban esperando que yo me enojara y dijera algo, para pegarme, pero yo seguí muy tranquila leyendo la Biblia y ellas más se enojaban le dije a una de ellas, quieres que ore por ti y ella me dijo que si y empezó a platicar bien conmigo las otras muy enojadas se fueron. A los días, supe que una de ellas quería que me llevaran al hoyo, un lugar de castigo que hay allí, y las otras dos iban a golpearme, pero sucedió que esa mujer se fue al hoyo a ella si la metieron allí, la que deseo eso para mí, las otras dos una se falsío el tobillo y le quedo morado e hinchado y quedo en muletas. Al siguiente día, mi compañera de celda que también quería golpearme era la otra en la cancha de baseball también se falsío el mismo pie y el tobillo, le quedo morado e hinchado y en muletas, y fue a ella la que sacaron de la celda y ella quería que me sacaran a mí, nada pudieron hacerme, todo el daño lo recibieron ellas. Dios hizo justicia y seguí orando por muchas mujeres. Llego el día de mi salida y se quedó Yadira, la muchacha que Dios había empezado a usar, haciendo todo lo que le yo le había enseñado para la gloria de Dios. Me deportaron para México. Al poco tiempo me fui enfriando espiritualmente, no sé qué me paso, es un pueblo chico y no hay iglesia cristiana solo la católica como en todos los pueblos chicos, caí, caí en pecado otra vez de fornicación y me aparte de los caminos de Dios por 2 años viviendo con mi mamá y con mi hija la que se había quedado aquí cuando tenía 3 añitos, hasta que una noche desperté en la madrugada muy asustada, tenía un dolor fuerte y sentía mucha opresión en el corazón no podía respirar bien y me dolía el brazo izquierdo, sentí que se me iba a parar el corazón entonces le dije a Jesús señor no permitas que satanás me lleve al infierno, dame otra oportunidad no me quiero morir ahorita porque no me iría contigo, no estoy lista y se me fue calmando el dolor que sentía, hasta que se quitó, por completo. Desde ese día empecé a leer otra vez la Biblia y a orar y ayunar me estaba costando mucho trabajo, no podía muy bien sentía miedo, se me empezó a venir a mi mente, el nombre de uno de los pastores que oía en la radio cuando estaba encerrada en Seattle Washington, Roger Munoz, sabía que tenía que hablarle y pedirle que orara por mi. Así pasaron 3 o 4 días hasta que le hablé y para la gloria de Dios el pastor oro por mí por el Skype en video llamada y desde ese día todo empezó a cambiar de nuevo en mi vida, sentí el deseo de orar más, ayunar más y a leer la biblia más tiempo. Me puso una cita para que le volviera a llamar para orar por mí para liberación. Empecé a ver los videos de testimonios de liberación en su página y me quede impactada de cómo lo usa el Señor para liberar a los cautivos, le llame de nuevo y llego el día de mi liberación, mi Señor Jesús me libero a través del pastor Roger Munoz, fueron muchos los demonios que salieron de mi vida para siempre, **el principal era un demonio llamado Destrucción que había entrado desde mi generación el cual confeso que él había causado todo el daño en mi vida.** Jesús me libero, gloria a Dios, ¡Aleluya!

Me siento ahora con mucha paz, gozo y alegría y puedo hacer muchas cosas que antes no podía. Puedo ver la mano de Dios moverse a mi favor, puedo sentir su presencia conmigo. Gloria a Dios, Aleluya.

Agradecimiento. Primeramente le agradezco a Dios por su Amor y fidelidad al usar al Pastor Roger Muñoz por creer y confiar en mí. Gracias a Dios y a el, que han hecho posible este libro para testimonio a las naciones.

Dios continúe bendiciendo grandemente a este varón de Dios, bendiciones.

Al fin libre de una vida de destrucción.....
Si no que lo necio del mundo escogió Dios para avergonzar a los sabios, y lo débil del mundo escogió Dios para avergonzar a los Fuertes, y lo vil del mundo y lo menospreciado escogió Dios y lo que no es, para deshacer lo que es..... 1 corintios 1.27-28

8. Psoriasis, Ansiedad, desesperación, Dolores

Alejandro dzul hau: MEXICO. MERIDA, YUCATAN. Triple liberación.

Antes de la liberación **tenía ansiedad, preocupación, desesperación por todo lo que pasaba en mi vida, como escases económica, la enfermedad de psoriasis, la parálisis cerebral de mi hija**, ver el sufrimiento, el dolor que le ocasionaba a ella y en nosotros también, si mi hija no dormia nosotros tampoco dormiamos, orábamos atando demonios de dolor e infección por la discapacidad pero no teníamos respuesta.

Un día estaba buscando predicas en el internet y me percate del Pastor Roger Muñoz y gloria a Dios vi una liberación de una hermana de Canadá y el Ministerio de Cristo Libera. ¡Oh sorpresa! un hermano llamado Roger Muñoz hablando con los demonios les ordenaba y le obedecían, y entonces me dije: -

"Cuando yo empiece a liberar, no voy a hablar con los demonios, solo atarlos y los echo fuera"-. Seguí viendo los discipulados y las predicas y entendí como Dios obra en lo sobrenatural y me di cuenta que es necesario hablar con los demonios ordenándoles y ellos obedecen en el nombre de Jesús, y decidí que cuando yo hiciera liberaciones, fuera de la misma forma que la hace el Pastor Roger Muñoz ya que es la más correcta y efectiva para sanar, liberar y sacar de la oscuridad a las personas en una forma total y efectiva.

Todas las enfermedades que yo sufría, los dolores y las llagas se empeoraban. La enfermedad de mi piel, la psoriasis continuaba en aumento en mi cuerpo, tenía mucha comezón. Debido a las abundantes erupciones no podía dormir.

En la parte económica estaba en cero, amanecía sin dinero. Sin embargo clamaba a Dios en oración y decía: "Señor, tu eres mi proveedor, tu eres fiel, tu palabra es viva, sé que no abandonas a ninguno de tus escogidos"-, y sorpresa de Dios, al atardecer viene un joven que tiene un trabajo no bien pagado cargando con una bolsa que contiene aceite, arroz, frijoles, papel, jabón, harina para hacer tortillas y me decía: -"hermano, Dios puso en mi corazón traer este obsequio y te agradezco todas las oraciones que haces para mi"-, aclaro, es un muchacho con escasos recursos que Dios usa para bendecirme. Otro día, otra persona nos regalo pañales desechables, otra persona nos regalo una canasta básica, y hermanos, personas de escasos recursos se agruparon e hicieron una alacena y me la regalaron, todo esto enviado por Dios.

Quiero aclarar que no contaba con internet ni computadora y estuve buscando la manera de que alguien me ayudara a hacer una cuenta para poder comunicarme con el Pastor Roger Muñoz. Me llevo más de un año tanto que pedía a nuestro Dios que me diera los medios para comunicarme, hasta que un día, un sobrino mío hizo la página y logré comunicarme.

Antes de la liberación, mi esposa tenía miedo. Estaba tímida, decía no puedo, a pesar de tomar el discipulado de intercesión, no podía, tenía demasiadas luchas dentro de sí.

Después de la liberación

El pastor Roger Muñoz ordenaba a los demonios que salieran con sus reinos. Cada uno salía conforme los nombraban. Todo venia de nuestros antepasados, maldiciones adquiridas, enviadas, proferidas, de pobreza, ruina económica y espiritual, idolatría, santería, hechicería, todo conforme eran ordenados, salían en el nombre de Jesús de Nazaret.

Me lleve una sorpresa al darme cuenta de algunos padecimientos de los cuales no mencione anteriormente y los consideraba pequeñeces, talvez porque estaba acostumbrado a vivir con mis problemas. Ejemplo:

1. Me dolían las articulaciones de mis manos y dedos, no podía apretar o agarrar una semilla de lenteja con el dedo pulgar y el índice, pues me daba calambres en la muñeca.

2. Cuando respiraba el olor del cabello me daba gripa.

3. Fui alérgico a la leche, ahora ya con la liberación no tengo la alergia.

4. El aire fuerte en los meses de primavera me ocasionaba dolor de huesos en toda la pierna y decía: -"en los meses de abril, Mayo, Junio y Julio me siento débil o descalcificado"-.

5. Todas las mañanas despertaba con dolor de huesos mayormente en la espina dorsal por el cuello y los hombros

Después de un mes de la liberación reaccione, me analice y me di cuenta que no tengo ni padezco nada, estoy sano por la sangre de Jesús.

Mi esposa se ha involucrado más a las cosas de Dios sin tanto esfuerzo.

Mi hija mejoró su salud ya no se mueve sin control, duerme bien, no llora por las noches, entiende más las cosas, dice palabras monosílabas como "si" si quiere algo y "no" si no quiere, dice el nombre de su mamá y de sus hermanos doy gracias a Dios por haberme escogido a mi y a mi familia.

Te amo Dios, mi casa y yo te adoramos, te alabamos y te exaltamos AMEN

9. Cansancio, Timidez, inseguridad

Me llamo Andy Emmanuel Dzul Rodríguez.. Soy joven de 18 años cursando actualmente la preparatoria. Tengo testimonio por la liberación de mi padre pues yo no me he sometido a una liberación como tal y sinceramente yo no tengo tantos problemas como los tenía mi padre, más bien no me eran manifiestos.

El día de la liberación tuve la oportunidad de estar presente, mientras mi padre era liberado. De alguna manera yo también, pues dice la palabra que todo lo que cae por la cabeza tiene que caer en el cuerpo, pues la bendición que era derramada sobre mi padre también cayó sobre mí.

En mi experiencia cada vez que el pastor Roger Muñoz ordenaba a los demonios que estaban situados en mi padre y estos salían de él, algo dentro de mí era movido, desarraigado y sacado por obra del Espíritu Santo. En algunas ocasiones mi cuerpo temblaba, en otras me sentía caliente, y en una ocasión me dio por vomitar pero no sucedió como tal, mas solo fue la sensación. Cuando alguna fase de la liberación terminaba, mi cuerpo era lleno de una paz y literalmente sentía más ligera alguna parte de mi cuerpo.
Yo solía ser un joven tímido e inseguro en cierto modo, con un cierto miedo a algunas cosas. Después de la liberación todo se dejó de manifestar en mi vida.

También en las mañanas despertaba más cansado que antes de dormir, no me podía despertar antes de las 10 de la mañana y si lo hacía no podía levantarme porque el sueño y el cansancio no me lo permitían. Si lograba levantarme todo el día prácticamente andaba de malas y casi todo me molestaba, pero solo si estaba en mi casa, mientras no estuviese en mi casa, estaba de buenas. Hoy en día no me pasa pues naturalmente me despierto a las 8 de la mañana, no tengo dolor ni cansancio. Hay días que me despierto a las 7 de la mañana y no por ello despierto cansado, al contario mientras más temprano despierto estoy más despejado. Hay ocasiones que me despierto a las 5 o a las 6 y estoy igual de alegre ya no me pongo de mal humor.

Así como está, estoy seguro que hay más áreas que han sido sanadas.

Doy gracias a Dios que me sanó y estoy seguro que aún hay más para mi vida y la de mi familia. Amén.

10. Miedos, lujuria, ataque de pánicos

Roger. ¿Samuel cuénteme cómo se sentía usted antes, como se sintió en el proceso de liberación y como está usted ahora mi Hermano?

Samuel. Bueno antes me sentía muy estresado, muy tenso, preocupado, mi cuerpo era muy pesado aun después de permanecer mucho tiempo acostado, pero después yo me he sentido mejor. El primer síntoma que sentí es que me dio hambre, me siento contento, quiero reír de alegría, siento una alegría que no se cómo explicarlo. Antes estaba muy preocupado el sufrimiento no me dejaba hablar, se secaba la garganta gracias a Dios por él y por mi Hermano que me ayudó y me dejó ligero, muy livianito. Me siento muy bien, he tenido problemas de eructos. Ya no ando con esos problemas .Gracias a Dios me siento bien, y voy aprovechar esta nueva oportunidad que Dios me da, una vez más, de estar bien en sus caminos, afirmarme bien como Dios demanda para su servicio. No tengo muchas palabras para decir, pero dar gracias al Sr. Jesucristo que me ha liberado de todo esto que yo tenía.

Roger. Gloria a Dios. Ahora bien Samuel, tu principal problema era temor al miedo recuérdeme, dime, lo que tú me dijiste hace dos o tres días cuando me llamaste a mí para la liberación. Que tú incluso hasta lloraste, que tenías dos semanas ya sin salir. Explica tú a la gente eso, porque hay gente que tiene problema de temor, de miedo, pánico y con este testimonio mucha gente va a conocer de Cristo y que su problema tiene solución. Cuéntele a gente sobre eso.

Samuel. Ok, yo empecé a sentir mal mi estómago y cuando a mí me duele una pierna, o un brazo, o el pecho, primero me entra miedo de ir al trabajo. Me metía en mi cuarto, aunque vivo sólo, pero a veces pasaban tres semanas, que tenía pánico, estrés para salir algún lugar, aunque fuese a la tienda, en cualquier lugar donde tenía que salir, tenía mucho, mucho miedo. El pánico me atrapaba tanto que a lo mejor no tenía la capacidad, de ir a la tienda por algo que necesitaba. El miedo me oprimía, el miedo me ataba, me debilitaba, hacía que estuviera pesadísimo. Aunque soy una persona muy delgada, me sentía muy pesado, tanto que tenía que estar todo el tiempo acostado, pero ahora, después que yo hablé con el Hermano, después que pedía ayuda, búsqueda de mucha ayuda, por medio de psicólogos, nadie me pudo ayudar, nadie pudo, y por éticas que tienen ellos tampoco pudieron. Pero encontré al Hermano que me ayudó mucho, ahora me siento a gusto, y ahora ya salgo. Hace rato empecé a salir, entro a la tienda y me siento muy bien, me siento realmente ligero, tranquilo, y a gusto. Gracias a Dios que me ha sacado ese miedo, ese dolor en

Cristo puede vencer eso. Yo sé que el Sr. Me lo quitó, aparte de eso se lo entregué a Dios para que lo apartara, y lo alejará de mi vida. Ahora mi mente está para Dios, y no hay otro pensamiento. El enemigo se fue.

Roger. Gloria a Cristo. Y toda la gloria y honra sea para nuestro Sr. Jesucristo.

Gracias al Sr. Jesucristo que libertó al Hermano.

11. Testimonio de Parkinson

Esta es la entrevista que le hicimos a la hija de una persona de 72 años que estaba sufriendo del mal de Parkinson, Este testimonio fue realizado después de varios meses de haberle practicado liberación con el poder de mi Señor Jesucristo.

Roger. ¿Cómo se encuentra su papa?

Hija. No le tiemblan sus manitos, ni su cuerpo, y se ha superado mucho, la última vez que lo vio el Dr., Lo encontró muy bien, incluso, él no podía creer que mi papá estaba bien.
 El Doctor pidió oráramos por su propio papá, porque él se hizo especialista en el Parkinson, porque su papá tenía esa enfermedad de Parkinson.

Roger. A tu papá le hicimos liberación unos meses atrás, ¿cierto?

Hija. Si. Y desde ahí, desde ese momento es que el Señor lo ha curado. El Doctor no lo podía creer, y nosotros tenemos una ID (carnet), que dice, que eres un paciente con Parkinson. Nosotros tenemos evidencia que dice que mi papa estaba con Parkinson. Las personas que lo ven dicen: "Uy! No lo creo, no lo puedo creer que usted está mejor. Si usted le dice "Estíreme las manos", nada tiene.
¡La Gloria a Dios!
Roger. Oh, tremendo hermana, sería bueno, mostrar el reporte del médico para que la gente vea, porque a veces hay gente que es incrédula, usted lo sabe.

Hija. Si, aquí está mire (le muestra él informe médico) dice que los enfermos de Parkinson tienen problemas para hablar, y mi papá no tiene ese problema para hablar.

Si mire, el Parkinson es una enfermedad que afecta la parte del cuerpo del pecho hacia arriba, que tiembla mucho, en otras personas de la mitad del cuerpo o todo hacia abajo, hacia la derecha, todo tiembla, y en otras personas son los pies, toda la parte de abajo según las diferentes personas, a mi papá le temblaban las manitos, y el cuerpo, pero más que nada la parte de arriba.

Roger. Yo lo vi cuando le hice liberación, a él le temblaban las manos.

Hija. Sí, y el Dr. lo hizo caminar como en una línea recta, con un pie adelante del otro, y le dijo que pusiera una pierna en forma de cuatro, que es para ver si tiene equilibrio. Pero mi papá hizo todo lo que él le dijo y mi papi lo hizo muy bien.
Aquí está mi papa, hable con él.

Roger. ¿Buenas noches, como se encuentra?

Señor. Muy bien, estoy sano, Si, (dice el hombre, que fue sanado de Parkinson), de repente me sentí que estaba mejor y mejor, y ahí se dieron cuenta acá los muchachos, estaba mejorando. Y por ahí el Dr. me ha visto dos veces, y la primera vez no creyó, me vio y no dijo nada, pero la segunda vez me dijo: que había hecho para parar el temblor, le dije que nada, que había hecho oración no más, y que me estaban haciendo liberación. Y ellos se admiraron, los ayudantes y el, estaban contentos.

Hija. El Parkinson produce lentitud para caminar y las personas pierden el músculo de la parte baja, mi papá tenía solamente el huesito de la parte de atrás, el lugar que nosotros le decimos pantorrillas aquí detrás de las pierna, a eso casi todas las personas con Parkinson tienen cuero y hueso, pierden la musculatura y caminan muy lento por lo mismo, y porque le duelen mucho, entonces los doctores le ponen "Botox", lo que le colocan a las mujeres en la cara para estirar. Y ahora resulta que a mi papá, si usted le toca las piernas, las tiene duras, eso quiere decir que tiene músculos. Eso también le impresionó al Doctor, y ¡También subió de peso! cosa que no había podido conseguir antes; subir de peso.

Ahora tenemos que tratar de bajarlo de peso, porque subió mucho, jajá. Pero físicamente, mi papá ha avanzado bastante, y mis hermanos lo han visto, y otras personas también, pero lo que más les impresiona, es que ya no le tiemblan sus manos. Ahora si usted habla con él, fíjese en su manera de hablar, está más claro, como más firme del hablar y quizás más rápido, pero eso es porque somos chilenos, jajá. Y los chilenos hablamos rápido. Pero físicamente, mi papá ha tenido un gran cambio.

Roger. ¡Gloria a Dios! gloria a Jesús! Que nuestro hermano ha sido sanado.
Amen.

12. Testimonio
DIABETES

Por favor analicen este testimonio, es muy importante porque hay muchas personas sufriendo de esta enfermedad, primero fue libre, sano su hijo y ahora es el turno de la madre. Usted aquí encontrara la verdad.

R.M.: Hermana, con relación a su hijo Erick, a él se le practicó liberación hace ocho días.
SEÑORA LIBERADA: Sí.
R.M.: ¿Ése video usted lo vio?
DEMONIO: Sí.
R.M.: Ya su hijo Erick incluso fue libre de Diabetes. Se dio cuenta ¿no?
DEMONIO: Si, yo eso le decía hoy al Señor. Señor yo te creo, le digo. Porque si me causo mucha tristeza cuando a Erick se le de-

claró la Diabetes, porque es mi único hijo. Y viviendo así en el pecado, si no te arrepientes vas a morir rápido, le decía. Sí, porque es el único, pues, que me queda aquí en la tierra.

R.M.: Si, ok. Hermana, vamos a orar para hacerle a usted liberación. Ok? Hoy estamos setiembre 16 del 2014.

Escúchame bien demonio, todavía no he hablado contigo.

Demonio, ¿quién eres tú demonio?

En nombre de Jesús responde. ¿Quién eres tú? ¿Quién eres?

DEMONIO: ¿Diabetes?

R.M.: ¿Lo puedes sustentar demonio que eres Diabetes?

DEMONIO: Cristo puede sanar, pero no me quiero ir. La quiero matar.

R.M.: ¿Y cómo lo haces?

DEMONIO: Ella cree, Ella cree que Cristo la puede sanar, porque ella cree mucho en Dios, pero yo no me quiero ir, la quiero matar, porque me estorba, me estorba, si me estorba, la odio, la odio.

R.M.: Diabetes. ¿Cuántos demonios tienes en tu reino diabetes?

DEMONIO: Siete (7)

R.M.: ¿Lo puedes sustentar ante el trono de Jehová que dices la verdad, que tienen 7 Demonios tú y tu reino?

R.M.: Diabetes ¿Aparate de tu reino que más reinos hay ahí?

DEMONIO: Depresión. La deprimo porque está sola, está sola.

DEMONIO: Si, es que la quiero matar porque la odio, porque me quita almas, yo no me quiero ir sólo.

R.M.: Ok. Diabetes, te quedas hasta el último Diabetes ahí. Tus siete Demonios que están ahí, todos, recojan todas las cosas y se marchan para siempre de ésta mujer en el nombre de Jesús para siempre. Tú te quedas hasta el último Diabetes, ahí. En el nombre de Jesús fuera de ahí

DEMONIO: Yo la quiero matar.

R.M.: Fuera de ahí. Tus siete Demonios se van, fuera de ahí.

DEMONIO: Usted, usted es la arma más poderosa. Su pastor lo use para matar.

R.M.: ¿Qué pasó con el Pastor ahí?

DEMONIO: Si, hirió mis sentimientos. Si, si, dice que no me voy a volver a casar. Un espíritu de mentira, si un espíritu de mentira, sí. No, no.

R.M.: Diabetes. Tú dijiste que, Diabetes, que al Pastor lo usaste contra ésta mujer. ¿Qué pasó?

DEMONIO: Sí. Le dije que no se va a casar a través de él, porque él está mal, mal, mal, él está mal. Él está atado, lo tengo atado porque abre muchas puertas, por eso lo usé para matarla a ella; porque ella ve, porque ella me descubre, por eso la odio, sí, la odio, la quiero matar. Por eso le mande a decir que no se va casar, por eso está deprimida, porque se siente sola. Sí, yo la quiero matar, ya a veces no puede. Por eso la uso.

R.M.: Ok. Diabetes. ¿Los Demonios que están en tu reino se fueron ya?

DEMONIO: Solamente hay uno, Depresión.

R.M.: Depresión, te vas de ella enseguida en el nombre de Jesús, Depresión fuera de ahí para siempre, nunca vuelvas ahí Depresión en el nombre de Jesús.

DEMONIO: Ella cree en la Sangre de Cristo, y me quema, porque ella cree que la limpió la Sangre de Cristo, pero yo soy terco y la busco y la busco. Yo soy terco porque quiero matarla. Le hago sentir que las promesas no vendrán, pero ella cree, ella le cree a su Dios.

R.M.: Ok, Diabetes. ¿Estás ya tu solo ahí? ¿Quedaste sólo tú ahí en tu reino?

DEMONIO: Aquí una enfermedad fuerte está.

R.M.: ¿Cuál es?

DEMONIO: Sí. Está en esta parte de aquí (Se toca la parte del páncreas) ahí me meto, con la Depresión. Ella pelea conmigo, pero soy más fuerte, ella se siente sola.

R.M.: Diabetes. ¿Todos tus reino que estaba, se fueron ya de ahí?

DEMONIO: No, aquí esta.

R.M.: ¿Quién está ahí?

DEMONIO: Diabetes.

R.M.: No, esa eres tú. Tú eres Diabetes.

DEMONIO: Si.

R.M.: Mi pregunta es esta: ¿Todos tus demonios que estaban ahí, se fueron ya de ésta mujer?

DEMONIO: Si.

R.M.: ¿Estas tu solo ahí?

DEMONIO: Sí, él ya no tiene Demonios.

R.M.: Ok. ¿Estás tú solo ahí?

DEMONIO: Sí.

R.M.: ¿Puedes sustentar ante el trono de Dios que dices la verdad?

DEMONIO: No, sólo Diabetes está.

R.M.: Ok. Diabetes, aparte de ti. Tú solo estás ahí. ¿Tú tienes más Demonios arraigados en la familia de ésta mujer? ¿Que son tuyos?

DEMONIO: Sí, sí, y mucho. Ya su hijo fue liberado, él fue liberado, pero si no se casa ahí voy a entrar otra vez, Si.

R.M.: Ok. Diabetes. Tu turno Diabetes recoge todo de ésta mujer, recoge todo en el nombre de Jesús.

DEMONIO: Es que no la quiero soltar porque aquí la oprimo, no la quiero soltar.

R.M.: Diabetes. Tú no has entendido. Es más, tú tenías que haberte ido de ésta mujer hace rato, porque ésta mujer le pertenece a Jesucristo y tú sabes lo que significa eso. Tú sabes lo que hizo Jesús en el calvario, tú sabes lo que significa la Sangre de Jesu-

cristo, tú lo sabes muy bien. Tú tenías que haberte ido inmediatamente. Ésta mujer fue perdonada y todas esas maldiciones fueron quitadas hace rato. Tú tienes que haberte ido hace rato, tú lo sabes muy bien. Así que en el nombre de Jesús recoge todas tus cosas de ésta mujer, de la sangre donde estés ubicado y te marchas inmediatamente en el nombre de Jesús y nunca vuelvas ahí. ¡Fuera de ahí, fuera de ésta mujer, fuera para siempre en el nombre de Jesucristo!
DEMONIO: (Hace arcadas y parece vomitar varias veces)
R.M.: En el nombre de Jesús. Libre. Todo de raíz, todo de raíz en el nombre de Jesús. Eres libre hija de Dios, Jesús mismo te liberta.
SEÑORA LIBERADA: La Sangre de Cristo tiene Poder. Si soy libre por la Sangre de Cristo. Soy libre, libre, libre.
R.M.: Sana Hermana.
SEÑORA LIBERADA: Sana
R.M.: Sana en el nombre de Jesús.
SEÑORA LIBERADA: Libre para seguir a mi Cristo. Soy libre porque la Sangre de Cristo me ha limpiado, la Sangre de Cristo me ha limpiado. (Llora)
R.M.: ¡La Sangre de Jesucristo es suficiente! Eres libre hija de Dios para servir a Cristo con libertad.
SEÑORA LIBERADA: Sí, a veces no sentía los pies, los tenía muy entumidos.
R.M.: Ok Hermana, todo se acabó ya. ¿Cómo se siente? Victoria
SEÑORA LIBERADA: Se siente enchinada de la piel. Sí, sentía que la Diabetes me estaba oprimiendo y no me dejaba, no me dejaba.
R.M.: Sí hermana Cristo la libero ahí. Ok vamos a seguir para que no quede nada escondido. ¿Ok?
SEÑORA LIBERADA: Siento algo aquí.
R.M.: ¿Dónde?

DEMONIO: Yo le estoy destruyendo los intestinos para que no ayune porque me estorba, a ella le gusta ayunar.

R.M.: ¿Quién eres tú? ¿Quién eres tú?

DEMONIO: Espíritu de muerte, si tú me conoces. La quiero destruir, Si porque ella ayuna mucho y ora. La quiero destruir porque ella arrebata almas. Yo ya estoy a punto, a punto pero me quiero llevar a muchos. Tú lo sabes, tú lo sabes me quiero llevar a muchos. Ella es guerrera, ella no se raja porque ella dice que ayuno y oración, ayuno y oración y conocimiento. Si pero yo, yo, yo peleo con ella, y como ella pide la muerte, ahí, ahí, ahí me meto. Ella está sola.

R.M.: Sí, de hecho tú estás ahí porque ésta mujer te llamó. Tú eres la muerte.

DEMONIO: Sí porque ella se siente sola, deprimida. Sí, sí, sí, me voy a ir porque me quema, me quema.

R.M.: Muerte vete de ahí y te llevas todos tus demonios en el nombre de Jesús para siempre.

DEMONIO: Sí se va, se va, se va, se va, se va, se va, se va, se va, se va, se va.

R.M.: Fuera de ahí, lejos de ahí en el nombre de Jesucristo, la Sangre de Jesucristo es suficiente. Ella queda libre para siempre.

DEMONIO: Sí se va, se va, se va, se va, se va, se va, se va, se va, se va, ella no sabe que es ungida. Me quema, me quema. Si me voy a ir porque me quema, me quema. Si.

R.M.: Sal de ahí muerte, Sal de ahí soledad, mentira.

DEMONIO: Se va, porque es ungida, ungida, ungida, ungida, ungida de Dios. Ungida. Me quema, se va, se va, se va.

R.M.: Fuera de ahí en el nombre de Jesús, fuera de ahí.

DEMONIO: Se va, se va, se va, se va, se va, se va, se va, se va, se va, se va, ella cree que es comprada con Sangre, ella lo cree. Me quema, me quema, me quema. Si se va porque me quema, me quema.

R.M.: Fuera de ahí, fuera en el nombre de Jesucristo.

DEMONIO: Sí, se va, se va, se va, aunque ya estoy hasta en sus huesos pero si se va. Uy me quema, me quema. Ella ha sido comprada a precio de Sangre, ella ha sido comprada. Y ella sirve a ese Dios que me tiene harto. Me tiene, me tiene harto porque ya está pronto por atarme, atarme y lanzarme al fuego, por eso yo estoy matando gente, matando gente. Pero si me voy, me voy, si me voy, me voy, si me voy, me voy, si me voy, me voy,

R.M.: ¡Fuera de ahí! Mujer eres libre y sana para siempre en el nombre de Jesús mi Señor. Para siempre, por la Sangre de Jesús ésta mujer fue rescatada, fue perdonada

DEMONIO: Si, ella no ha cometido pecado, es porque está sola. Sí, ella se sacrifica

R.M.: ¿Quién eres tú? ¿Quién eres tú?

DEMONIO: Ay tú me conoces, tú me conoces, soy espíritu de lascivia porque quiero que caiga, quiero que caiga, quiero que caiga en mis garras porque está sola, está sola, está sola; pero ella no quiere, no quiere porque ella es fiel a Dios. Pero ahí la ando molestando, la ando hurgando, quiero que caiga, quiero que caiga, porque la quiero tener en mis manos.

R.M.: Lascivia. ¿Cuántos Demonios tienen tu reino? Lascivia.

DEMONIO: No me deja ella, me ataja, yo ahí la hago que sufra, que sufra. Sí, porque ella siente, ella siente, si, si, si, es que ya va a venir su compañero. Pero yo quiero que caiga, que caiga, que caiga en mis garras, pero ella no se deja, no se deja, porque ella se cubre y pide perdón. Yo le mando esos dardos, no más la seduzco, no más la seduzco, porque yo quiero que caiga, quiero que caiga, la seduzco, la seduzco.

R.M.: Lascivia. ¿Cuántos Demonios de tu reino lascivia?

DEMONIO: Son siete, pero ella no ha caído, no, solamente la seduzco, porque su vecino ahí está, ése es mi reino, es su vecino, sí ahí me muevo a la derecha, a la izquierda, atrás y adelante, uy ese es mi reino, ése es mi medio pero ella como clama no cae, no cae, pero por eso me voy, me voy, porque no puedo, no puedo.

R.M.: Lascivia, Lascivia, arregla pronto los papeles y vete de ahí, sal de ahí para siempre en el nombre de Jesús.

DEMONIO: Sí me voy, si, si me voy

R.M.: Te vas todo de ella, en el nombre de Jesús, fuera para siempre. Si, ¡fuera de ahí, fuera para siempre, para siempre!

DEMONIO: Sí, sí, me voy, ella es sellada con la Sangre de Cristo. Me voy.

R.M.: Sí, fuera de ahí para siempre, para siempre, ella queda libre en el nombre de Jesús. Fuera de ahí.

DEMONIO: Ella es fuerte, por eso me voy.

R.M.: De ella y su familia en el nombre de Jesucristo. Fuera de ahí, sólo la Sangre es suficiente. Fuera de ahí. De ella también sale de ahí en nombre de Jesús, sale enfermedad, también sale brujería de ésta mujer todos. También salen todos los demonios de maldiciones generacionales de ésta mujer en el nombre de Jesús, todos, todos de ésta mujer. Todos incluso los Demonios de pactos que han hecho contra ésta mujer. Salgan todos en el nombre de Jesús, todos, no se quede ninguno en ella, ni demonio oculto.

DEMONIO: (Vomita)

R.M.: En el nombre de Jesús la desocupen para siempre. Suelten la espalda en el nombre de Jesús, sus hombros, su cuello, su cabeza, sus partes íntimas, su estómago, sus manos, pies, uñas, todos, todos. No tienen ningún derecho legal en ésta mujer ya. Ésta mujer por la Sangre de Jesús, fue redimida, fue rescatada. Ésta mujer nueva criatura ahora es, ésta mujer fue perdonada, todas las maldiciones fueron quitadas en la cruz del calvario del señor Jesucristo. Demonio su trabajo se acabó en ésta mujer. Todos, todos, todos, todo en el nombre del Señor Jesucristo, todos salen

y dejen de traer sufrimiento a ésta hija de Dios. Tienes que irte. ¿Quién eres tú?
DEMONIO: Mmm Brujería.
R.M.: Brujería. ¿Desde cuándo tu estas en ella?
DEMONIO: La tengo, la tengo porque ella pelea mucho conmigo, sí ella pelea conmigo, pero ella pelea conmigo. Tiene un grupo de intercesión, pero no detectan nada, nada, ni su pastor, ni su pastor detecta nada. Pero ella si pelea, por eso es que le tire hechizos, sí, hechizos le tiro.
R.M.: ¿Cómo entraste en ella? ¿Cómo entraste? ¿Cómo entraste en ella?
DEMONIO: No he podido entrar, no he podido entrar, le soplo nada más, le soplo, sí le soplo maldiciones, le soplo enfermedades. Sí, porque la quiero destruir, la quiero destruir porque ella le creyó a Dios, la sanó de los riñones, sí sanó. La quiero destruir porque ella le cree. Ella es mujer de Fe por eso le tiro hechizos. No hago que se rinda, mando a siete Demonios y nada. Ya no, ya no, ya mí me castigan, me castigan porque no le puedo hacer nada.
R.M.: ¿Quién te castiga?
DEMONIO: Sí me quema, ella cuando pelea me quema y destruye mis hechizos. Sí que tiro hechizos en su iglesia, y ahí, pero los otros están durmiendo; y ella lo ve y ella clama, y unge, pero su Pastor ni cuenta se da, y su Pastora está en un trabajo y ahí la tienen hechizada, no se dedican a ver su rebaño sino nada más puro estudio, puro estudio Psicológico, pero no le cree a Dios, como ella cree, por eso la odio porque me destruye mis hechizos, sí, me destruye. Humm Sí, porque ella solamente ve, solamente ella ve, sí, solamente ella.
R.M.: Brujería, brujería dale un mensaje, en el nombre de Jesús, a todos los Pastores líderes del mundo entero.

DEMONIO: Pues ésta mujer a lo que se dedica, aunque no quiero hablar porque la odio, es ayuno y oración, y pelea, guerrea, se sube a la montaña más alta, le gusta remontarse. Pero Pastores ustedes no creen, no creen que en una sierva hable ése que me tiene atado, ése que me ha dado autoridad de quiera hacer lo que quiera yo hoy. Pero me va a quemar en un infierno, porque si hay un infierno y para allá muchos pastores, pero muchos porque hay asalariados, les gusta el dinero, les gusta el lujo. Todo les gusta, todo, no se conforman con lo que el Altísimo les da, no, ellos quieren más, exprimen sus ovejas, exprimen. Es ayuno y oración y conocimiento de la Palabra, solamente eso. Por eso esa mujer me quema, porque esa pelea, pelea, pelea, es guerrera, guerrera y no le he podido derrotar. Si ahorita me está quemando, me está quemando. Si estoy hablando es porque tienes autoridad, sino, no hablo, no hablo. Porque los Pastores se embelesan en ver cómo quieren un carro del año, que quieren tener el guardarropa lleno, zapatos, corbata. Les gusta verse encorbatados, yo me rio de ellos, porque ellos están durmiendo. Los tengo durmiendo. Su pensamiento en el segundo cielo hay una nube espesa que no todos las ven, solamente esos Pastores que viven conforme la voluntad del que me tiene atado ahorita, esos Pastores si están haciendo lo correcto, pero los otros ya no les gusta nada más todo lo bueno y no saben que aquí se va acabar, se va acabar todo esto porque tan pronto viniera el Altísimo por ése pueblo que tanto odio, pero ellos no hacen caso. Ellos no oyen, no oyen porque ya no quieren ayunar, porque ya no quieren orar, a veces sí, oran una hora. Ésta mujer ora mucho, ora mucho, para ella no es suficiente tres horas, por eso es que no le pueden hacer nada. Pero esos Pastores ya no quieren, ya no, una hora es suficiente y yo me burlo de ellos; yo burlo, porque aquí en ésta mujer no puedo entrar en ella porque ha sido comprada a precio de Sangre, y ella no se deja porque ayuna y ora, y le gusta escuchar alabanza, y yo no puedo porque con éstas alabanza, y éstas alabanzas, y éstas alabanzas. No me deja, no me deja, no me deja en paz. Pero ésos Pastores no ayunan ni oran, les gusta el dinero, el dinero es lo que les gusta. Y estoy hablando porque tú me ataste, sino, no hablo, no hablo, porque están cegados, están cegados. Yo me rio de ellos, sí, me rio de ellos, sí.

R.M.: Ok. Brujería, tu turno llegó en ésta mujer ya, recoge todo de ésta hija de Dios, empaca todo y te marcha de ésta mujer para siempre en el nombre de Jesús, ok, te marchas para siempre, fuera de ésta mujer. Nunca más vuelves a ésta mujer, ésta mujer queda libre en el nombre de mi Señor Jesucristo. Fuera, fuera de ahí.

DEMONIO: Sí, me voy, sí que a ella no le puedo. Yo me voy, si me voy, si me voy, si me voy.

R.M.: Recoge tus cosas y fuera de ésta mujer. La Sangre de Jesús es suficiente. Para siempre, nunca más vuelvas a ésta mujer.

DEMONIO: (Vomita)

R.M.: Nunca más vuelvas a ésta hija de Dios, para siempre.

DEMONIO: Sí, ya me voy, ya me voy, ya me voy, ya me voy. Sí ya me voy, si ya me voy, me estas corriendo, si, ya me voy.

R.M.: Todos para siempre, fuera de ahí

DEMONIO: Sí, pero te quiero decir algo antes que yo me vaya. Ésta mujer dudaba de ti, porque como ella ve, ella no le cree a cualquiera, pensaba que eras un charlatán, pensaba que eras un Pastor de eso que sacan el dinero, pero no, ella pudo discernir que tú tienes el permiso de Dios para echarnos fuera. Así que ya me voy.

R.M.: Para siempre. En el nombre del Señor Jesucristo, para siempre ahora. Libre y sana.

DEMONIO: (Vomita)

R.M.: Libre y sana.

DEMONIO: No me quiero ir, le tengo agarrada sus pies. No me quiero ir porque ésta mujer va a ser libre. Estos momentos que me quedan aquí...

R.M.: Ok. Desocupa. Tú sabes que esto no depende de quieres o no quieres.

DEMONIO: Sí, pero sí ella queda libre mmmm, me va a quitar más almas, porque va a caminar, porque aquí la tengo agarrado su pie, sí, agarrado su pie lo tengo.

R.M.: Ok, te vas de ella de inmediato en el nombre de Jesucristo.

DEMONIO: Me llamo Destrucción. Destrucción de Cuerpo, así me llamo, sí porque está por las venas, está por las venas del corazón, de la mente, de los oídos, de las piernas, sí, me llamo destrucción. Destruyo porque me gusta destruir porque dejan de caminar, dejan de ver, destruyo las corneas, vieras como la destruyo para que no vean, que queden ciegos. Y otra cosa, paralizo el intestino, los paralizo. Yo me llamo destrucción, es el que acompaña a Diabetes, sí, es su reino ahí, sí, ella ha clamado por esa circulación, ha llorado porque le duelen la planta de sus pies, pero esa Sangre que la compró tiene poder y tú tienes permiso para hacer, otro no, otro no lo puede hacer jamás, engañan, se creen que tienen autoridad, se creen que tienen unción con una hora de ayuno, con una hora de oración no me mueven, no me mueve, para nada me mueven porque Dios se manifiesta y Él tiene el poder, porque Él me gobierna, Él me ha dado permiso cuando le pido, pero como no se consagran pues no son usados, pero tú sí, porque tú te la pasas orando y tienes el permiso de arriba, por eso me descubriste yo soy Destrucción, destruyo los órganos, sí, porque soy destrucción.

R.M.: Destrucción, destrucción como tú has destruido, tú has dañado, en el nombre de Jesús te ordeno que arregles lo que puedas arreglar ahí.

DEMONIO: ¿Tú me lo pides?

R.M.: Te lo ordeno en el nombre del Señor Jesucristo.

DEMONIO: Ah, bueno. Cómo tú me lo ordenas y tienes poder, lo voy hacer (ja ja ja ja) Lo voy hacer por ella me está quemando, sí, me está quemando porque ella tiene autoridad, y si, si, si, si, si, voy a construir, voy a construir. Sí, elija el páncreas, intestino, vientre, muslo, cornea, si, si, si, mente, si, si, si, mente ha sido restaurada, mente sana. Sí porque me lo ordenaste, porque, si yo soy destrucción y yo la quería destruir, la quería destruir porque no quiero que me haga daño, que me queme, ya no quiero que me haga daño, ya no quiero. Esos brazos, esas venas ya las destruí, ella no tiene fuerzas, ya no tiene. Pero me has ordenado que las construya y las voy a construir porque me has ordenado, me has mandado, me has ordenado. Sí, sí, sí, sí, Oh Sí Señor tú (ilegible parece lenguas y llanto) Oh si mi Dios.

R.M.: Todo y se marcha de ahí para siempre Destrucción.

SEÑORA LIBERADA: (Llanto) Oh si mi Dios.

R.M.: Ya sal del todo de ésta mujer en nombre de Jesucristo. Déjala libre y sana.

SEÑORA LIBERADA: Oh mi Dios, mi Padre. (Llanto)

R.M.: Totalmente libre y sana quédate hija de Dios

SEÑORA LIBERADA: Tú eres bueno, tú me has comprado a precio de sangre, (Llanto) yo te he creído siempre, yo te he creído siempre mi Padre. Bendigo a éste varón Señor porque lo usas. Lo bendigo en Tu nombre mi Jesús, que en (ilegible), que Tú le des fuerzas, sabiduría, Padre, porque Sí tienes varones, Padre mío, que se dejen usar por Ti Señor, mi Jesús, mi Rey. (Llanto). (Ilegible) Mi cuerpo me está restaurando, ya no podía yo leer la Biblia, los lentes me lastimaban, a mí me gusta el conocimiento de la Palabra, me gusta saber, me gusta entender, me gusta enseñar. Lo Bendigo hermano grandemente porque Dios así quiere hombres y mujeres que peleen por Su reino, porque Su reino está contaminado. ÉL Señor viene pronto. El Señor viene pronto, no se dé usted, pero yo no quiero caer en falso profeta, no. Porque Tú me hablas Señor. Usted tiene una unción grande hermano, la pude percibir, la pude sentir que viene de Dios. Lo bendigo grandemente, grandemente.

R.M.: Gracias hermana. Sólo uno tiene entregar todo, nuestra mente, cuerpo y todo que Él va hacer y se manifiesta a través de nosotros ya. Por eso la Obra y la Honra es todo es Él, porque Él todo lo hace.

SEÑORA LIBERADA: Sí, Él todo lo hace. Mientras más me uses mi Padre dame un corazón sencillo y humilde porque de eso te agradas, porque Él me usa también. Pero la enfermedad no me dejaba, yo le he clamado mucho a mi Dios, hubo herencia en éstas enfermedades, pero yo siempre le decía en mis oraciones: Señor, yo quiero hacer la diferencia porque Tú pagaste en la cruz, y porque yo no voy a ser sana sí Tú te llevaste éstas enfermedades en la cruz del calvario.

R.M.: ¿Hermana, libre, hermana? Libre y Sana. Gloria a Cristo hermana. Honra y Gloria al Señor.

SEÑORA LIBERADA: Hoy no me sorprenda, porque en el reino de Dios se necesita voluntarios. Sí

R.M.: Hermana muchas Gracias. Usted ha sido liberada de muchas cosas. Pero todo quedó ahí. Venga le hago otro escaneo

SEÑORA LIBERADA: ¿Mandé?

R.M.: Le hago otro examen.

SEÑORA LIBERADA: Cierre los ojos por favor, ahí.

R.M.: Ok, en nombre de Jesucristo. ¿Quién está oculto por ahí? Identifíquese en el nombre de Jesús, mi Señor. ¿Quién está ahí? ¿Quién es? En nombre de Jesús ¿Quién eres?

DEMONIO: Duda. Sí soy duda. De ti rondando para que dudes, y a veces dice, no, el poder, el poder de la Sangre de Cristo, pero yo me encargo de meterle duda porque ella espera una promesa grande, sí, grande. Yo me meto aquí en sus hombros, y me meto en su cerebro, y uso, uso a mis ayudantes porque le dicen: Si es que de amor tú no te vas a casar. No, si es que dudas, no, si dudas. Tiene una amiga que dice que es su amiga pero duda, mm sí duda, no, no tiene, ni le digas.

R.M.: Ok, Duda. Recoge todo de ésta mujer, recoge todos tus demonios, enfermedades, todo lo que has hecho ahí y te marchas para siempre en el nombre de Jesús de ésta mujer, queda liberada hoy.

DEMONIO: No, no me quiero ir

R.M.: Duda, Duda.

DEMONIO: No, no me voy, no me voy.

R.M.: ¡Duda!

DEMONIO: ¡No me voy!

R.M.: Duda, ¿Tú estás ahí por pecado que ésta mujer cometió en el pasado?

DEMONIO: No, un pastor se la sembró. Lo usé. Un Pastor que fornicó, sí fornicó. Ahí se la metí, ella se dejó porque ella no sabía, no sabía, pero si fornicó ése pastor, ella lo descubrió, y vio que mi padre el diablo seguía hablando y no el Altísimo, y fue el Altísimo el que me hizo, el que me mando a ésta tierra, el que me desposó. Sí, espíritu de duda. Sí, ahí estoy agazapado desde años ya. Y a veces no la dejo en paz, hago que dude

R.M.: Duda. Tú sabes que es la muerte de Jesucristo.

DEMONIO: Sí lo sé.

R.M.: Tú sabes lo que significa eso.

DEMONIO: Sí.

R.M.: Tú sabes lo que significa la Sangre de Jesús

DEMONIO: Sí, lo sé.

R.M.: Tú sabes que Jesús pagó por ésta mujer.

DEMONIO: Sí, lo sé, porque la ama mucho por le es fiel, pero yo le meto duda, y aquí estoy, aquí estoy y no me quiero ir.

R.M.: Duda. Parece que tú no has entendido de hecho eres duda y es tu naturaleza. Tú sabes que ésta mujer es de Jesucristo, y Jesús pagó ella. Pagó por ella la libertad.
DEMONIO: Sí, y ya me voy.
R.M.: Para siempre ¿Ok? En nombre de Jesús para siempre.
DEMONIO: (Vomitó)
R.M.: Para siempre. En el nombre de Jesús, queda ahora libre y sana. Libre y sana ésta mujer comprada a precio de Sangre.
DEMONIO: ¡Ya déjame en paz! Humm (ja ja ja)
R.M.: ¿Quién eres tú? ¿La duda?
DEMONIO: Si. (Risas)
R.M.: Duda, te prohíbo en nombre de Jesús cualquier engaño. ¡Duda! Recoge todo y te arranco de raíz de ésta mujer para siempre inmediatamente en el nombre de Jesús, nunca más vuelvas a ésta mujer, ni a su casa, familia, nada, en el nombre de Jesús. Fuera para siempre. Jesús compró a ésta mujer.
DEMONIO: No, no me quiero ir, no me quiero ir.
R.M.: Eso no de pende de ti, si quieres o no quieres, es lo que diga la Palabra de Dios
DEMONIO: No me quiero ir, no me quiero ir. Porque ella es una mujer de fe. Me va a dañar.
R.M.: Es la Palabra de Dios. Fuera, fuera. Suéltala, suéltala. Para siempre.
DEMONIO: Te digo que no me quiero ir, no me quiero ir.
R.M.: Suéltala, suéltala. Eso no depende de ti si quieres o no quieres. Tú sabes la Palabra de Dios.
DEMONIO: No me quiero ir, no me quiero ir.
R.M.: ¿Tú conoces la Palabra de Dios o no la conoces? ¿Conoces la Palabra de Dios?
DEMONIO: Sí, sí. Ella me ata, pero estoy aquí (Risas).

R.M.: Te desato en el nombre de Jesús, en su mente, dónde estés ubicado Duda. Ahora mismo en el nombre de Jesús. Fuera de ahí, fuera.

DEMONIO: No me quiero ir, porque es mujer de fe y me va a estorbar.

R.M.: ¡Fuera, fuera, fuera!

DEMONIO: No, no me quiero ir, no, no me ir, no.

R.M.: Fuera en el nombre de Jesús. Fuera.

DEMONIO: No la quiero dejar, no. Ya Diabetes se fue pero yo no me quiero ir.

R.M.: Fuera, no hay opción. Fuera.

DEMONIO: Pero no me quiero ir. No, no, no. No me quiero ir.

R.M.: No hay opción, no depende de ti si quieres o no quieres, depende de la Palabra de Dios.

DEMONIO: No me quiero ir, no me quiero ir. ¿Sabes por qué no me quiero ir? No me quiero ir. ¿Sabes por qué? Oh, es una mujer de fe. Y no me quiero ir. Use a mi ayudante para que se la metiera, y se la metió en su cerebro, en su cerebro. Humm (Risas) Y no me quiero ir, no me quiero ir.

R.M.: Duda, duda. ¿Desde cuando estás en ésta mujer, desde cuándo?

DEMONIO: Ayyy, ya tiene tiempo.

R.M.: ¿Cuántos años?

DEMONIO: Tiene 13 años. Mi número perfecto por eso no me quiero ir de aquí. Fue un pastor que yo usé, lo usé y, él cayó en fornicación y ella lo descubrió y, aquí estoy, aquí estoy hace trece años y no me quiero ir. Ella me quema cuando ejecuta la unción. El que me creó le da visión para ejecutarla y ella me quema porque es mujer de fe, pero aquí estoy, aquí estoy, y no me ir, no me quiero ir, no me quiero, pero me quema.

R.M.: Duda, Duda. Duda, tú sabes que ésta mujer es de Jesús. Duda, Tú sabes lo que Jesús hizo en la cruz del calvario.

DEMONIO: Ya te dije que no me quiero ir. No me quiero ir.

R.M.: Escúchame, en el nombre de Jesús, escúchame bien.

DEMONIO: No me quiero ir, no me quiero ir porque sus oídos serán destapados y no me quiero ir.

R.M.: Eso no depende si quieres o no quieres. Tú conoces la Palabra de Dios, duda. ¿La conoces o no la conoces? Tú conoces bien la Palabra de Dios, La palabra de Dios es para obedecerla. La Palabra de Dios dice que si confiesas tus pecados Él es fiel para perdonar y la Sangre de Jesús limpia todo pecado.

DEMONIO: No me quiero ir, no me quiero ir.

R.M.: Tú sabes que Jesús en la cruz del calvario fue humillado, fue golpeado, fue azarado Jesucristo, Su sangre derramó en la cruz del calvario, Él ocupó el lugar de ésta mujer, Jesús pagó por ésta mujer a precio de Sangre, Tú lo sabes bien. ¿Lo sabes o no lo sabes?

DEMONIO: Sí, de acá no me quiero ir.

R.M.: ¿Lo sabes o no lo sabes?

DEMONIO: Es que si lo sé, pero es que no me quiero ir porque ella va a ser un instrumento. (Risas y llanto) Te va a oír mi jefe, y mi jefe me va a castigar si yo me voy. (Llanto).

R.M.: ¿Quién es tu jefe ahí?

DEMONIO: Mi jefe es satanás, tú lo sabes.

R.M.: Ok. Escúchame bien.

DEMONIO: Él es el que mete duda ahí, él es mi padre, y si me salgo me va a, me va a estropear (Risas). Por eso no me quiero ir, porque va a ser un instrumento que nadie va a parar. (Risas) No me quiero ir (Risas) No me quiero ir. Sí te vas, sí te vas ahora.

R.M.: Duda, para siempre.

DEMONIO: Si te vas a ir.

R.M.: Para siempre.

DEMONIO: Sí, te vas a ir porque he sido comprada a precio de Sangre, sí te vas ir espíritu de duda, Fuera

R.M.: Así es, fuera de ahí.
DEMONIO: Si te vas a ir. Fuera, fuera, la Sangre de Cristo tiene poder. (Lenguas)
R.M.: Para siempre, para siempre. Arranco en el nombre de Jesús de su mente, de su cuerpo, de su cerebro. Desarraigo en el nombre de Jesús de ahí, y te arranco de raíz y te echo inmediatamente al abismo en el nombre de Jesús. Te ato en el nombre de Jesús tu poder, tu fuerza y te desarraigo de ahí porque no tienes ningún derecho legal, ningún permiso legal, ninguna autoridad sobre ésta hija de Dios. Ésta mujer fue comprada, fue perdonada por Su Sangre.
DEMONIO: No me quiero ir, no me quiero ir, no me quiero ir, ya te dije porque me va a matar mi jefe.
R.M.: Fuera, fuera de ahí.
DEMONIO: Me va matar mi jefe. No me quiero ir. (Llanto).
R.M.: Fuera, fuera.
DEMONIO: Me va a matar mi jefe ya te dije. No me quiero ir.
R.M.: Fuera en el nombre de Jesús.
DEMONIO: Si no la destruyo él me va a matar, me va a matar ya te dije, porque ella va a salir a esa montaña, me va arrebatar almas.
R.M.: Fuera, Fuera,
DEMONIO: No me quiero ir porque me va a matar mi jefe, me a matar, me va a matar, me va a matar.
R.M.: Fuera de ahí, fuera.
DEMONIO: Y es que tú no sabes dónde estoy. (Risas)
R.M.: Fuera, fuera.
DEMONIO: Tú no sabes dónde estoy, no sabes dónde estoy. (Risas)
R.M.: Suéltala, fuera.
DEMONIO: Estoy en las fibras de su cerebro, y no me quiero ir, no me quiero ir.

R.M.: Suéltala.

DEMONIO: No me quiero ir porque me va a matar mi jefe, me va matar, me va a matar, uyyy. Pero me tengo que ir porque ella me quema, ella me quema.

R.M.: Suéltala para siempre.

DEMONIO: Ella me quema, ella me quema, no me quiero ir.

R.M.: En el nombre de Jesús te expulso de ésta mujer de su cerebro, te arranco de ahí, te desarraigo en el nombre de Jesús. Te echo fuera de ésta mujer para siempre, fuera de ahí para siempre. La Sangre de Jesús es suficiente.

DEMONIO: Uyy, no me quiero ir, no me quiero ir. (Llanto)

R.M.: Sólo la Sangre de Jesús es suficiente. Es lo que diga la Palabra de Dios.

DEMONIO: No me quiero ir porque me va a matar mi jefe.

R.M.: Es lo que diga la Palabra de Dios.

DEMONIO: Está esperando, está esperando, por soy el más grande, el más grande. Ella no ha podido derrotar.

R.M.: Es la Palabra de Dios.

DEMONIO: Sí, pero mi jefe me está esperando y me va a matar, porque le ha mandado de todo y no ha podido. Pero yo estoy aquí, aquí en su mente.

R.M.: Desocupa su mente y su cerebro, en el nombre de Jesús te arranco de ahí de raíz. Te desprendo en el nombre de Jesús de ahí, y te envío en el nombre de Jesús al abismo, fuera de ahí. Ésta mujer queda libre ahora, fuera, fuera. Ésta mujer fue perdonada por la Sangre de Jesús, está bajo bendición.

DEMONIO: Perdonada, uyy el Señor no quiere manchas, pero…

R.M.: Así es. Ésta mujer quedó libre, Jesús pagó por ella en la cruz del calvario

DEMONIO: Es que no me quiero ir, ya te dije.

R.M.: Eso no depende si quieres o no quieres.

DEMONIO: No me quiero ir porque ella…

R.M.: Es lo que diga la Palabra de Dios, duda fuera de ahí para siempre, fuera de ahí.
DEMONIO: Nooo, (Llanto)
R.M.: Fuera.
DEMONIO: Ya te dije que no me quiero ir. Me van a matar, me van a matar
R.M.: Fuera en el nombre de Jesús de ahí. Deja ésta mujer.
DEMONIO: Me va a matar, me va a matar mi jefe.
R.M.: Fuera de ahí, fuera en el nombre de Jesús.
DEMONIO: Me estás sentenciando, me va a matar.
R.M.: Duda.
DEMONIO: Me va a matar. Me va a atormentar, dice. Me va a atormentar.
R.M.: Duda. Hay un Dios todopoderoso, hay un Dios todopoderoso que da la orden de parte Él. El mismo Dios que manda a Satanás, es el que da la orden. Es el Altísimo que da la orden. No es Satanás.
DEMONIO: Sí, yo lo sé, pero es que si la suelto me va a matar.
R.M.: Es orden de Satanás que tú no te vayas de ahí, esa orden en el nombre de Jesús yo la anulo. En el nombre de Jesús yo la anulo. La anulo, esa orden en el nombre de Jesús la anulo. Ok, eres libre ésta mujer, se acabó.
DEMONIO: (Llanto, llanto)
R.M.: Fuera de ahí se acabó. Deja a la mujer libre ya. Fuera de ahí en el nombre de Jesús se acabó.
DEMONIO: (Llanto, llanto).
R.M.: Fuera en el nombre de Jesús, fuera para siempre. Fuera de ahí para siempre.
DEMONIO: (Vomito, vomito)
R.M.: Para siempre. En el nombre de Jesús para siempre. Todo se anuló, todo se acabó, para siempre, es libre ella.
DEMONIO: (Vomito, vomito, vomito.

R.M.: En el nombre de Jesús libre para siempre. En su cuerpo, en su mente donde esté ubicado, libre para siempre. En el nombre de Jesucristo. Libre, libre y sana.
SEÑORA LIBERADA: Gracias mi Señor. (Llanto)
R.M.: Eres libre y sana hija de Dios. Gloria a Jesucristo hermana.
SEÑORA LIBERADA: Amén hermano. Ése espíritu de DUDA era muy fuerte, muy fuerte, muy fuerte, no me quería soltar. Yo lo reprendía como usted, no me quería soltar, estaba arraigado en mi cerebro y mi mente. Mi cerebro y mi mente. Sí, estaba yo... Era un espíritu gigante el espíritu duda. Hace 13 años yo le dije a un Pastor que la iglesia, fue mi primer pastor, que la iglesia estaba fornicando, que había mucha fornicación y adulterio y, que el señor me lo mostraba; Y lo que me dijo él fue: Sabes usted, hermana, el diablo es que le habla a usted. Yo estaba recién bautizada, apenas tenía como 7 u 8 meses de bautizada. Estaba empezando a caminar con el don que Dios me ha dado, y Él me dio la visión. Y de hecho ése pastor se fue de la Iglesia. Y, este, hubo mucho fornicación y adulterio. Mi esposo, que en paz descanse, pero él se arrepintió, él me insultó en ése entonces. Toda la Iglesia estaba en fornicación aún todas las hermanas. La Iglesia estaba en fornicación y adulterio. Me acuerdo que yo, él me intimidaba para que yo hablara lo que soñaba, lo que Dios me revelaba. Fui con Cuidadito y le dije: Pastor soñé, le digo, hay algo que me dice que la Iglesia está en fornicación y adulterio, le digo. Y éste, así hay que ya no aguanto y que me inquieta decirlo. Y él lo que me contesto, fue que me dijo, este: el diablo es el que te habla a ti. Y fue donde empecé a dudar de que ya no era Dios, porque yo sé que usted discierne, pero quizás de todos los sueños, revelaciones, visiones que Dios me ha da quizás un 1% es un sueño de mi carne, pero mayormente el Señor me habla y se cumple la Palabra.

Si hermano, fui lastimada hace 13 años. Desde ése entonces pensé que yo ya había sido libre de ése espíritu de DUDA pero hoy me di cuenta que no. Porque me decía que se metía en las fibras de mi cerebro, en mis venas, en mí oído. Yo podía sentirlo cómo estaba metido ahí. Sí, realmente esto es real hermano.

R.M.: Sí, esto es real, incluso yo aprovecho para decir a la gente pongan éste video y distribúyanlo. Necesitamos que la gente conozca la verdad, porque esto es verdad. La gente está enfermos, Siervos de Dios enfermos, Diabetes, enfermedades, demonios y la gente no se da cuenta, hermana, que está un demonio ahí.

SEÑORA LIBERADA: Sí, realmente sí. Sí, hay muchos pastores así muy enfermos, muy enfermos. No le creen a Dios que hay un reino muy fuerte y que nosotros peleamos contra ellos, y eso mismo cuando no tenemos ayuda o una cobertura de un pastor, realmente esto nos sucede a nosotros.

R.M.: Incluso, cuando usted les habla a pastores sobre esto, a veces, se convierte en piedra de tropiezo, hasta lo niegan y están hablando mal de uno ya. Y no dejan que las ovejas se sanen, sean liberadas. Oh Gloria a Dios hermana que usted ha sido liberada totalmente para la Gloria de Dios por la obra de Él.

SEÑORA LIBERADA: Sí, así es. De hecho, una hermana, yo le comenté y le dije que si quiere que su esposo sea liberado porque tiene un espíritu de ruina y no ha podido ser liberado, pero ahora sí que el tiempo es de Dios porque yo venía a interceder, venía a interceder por el Marco, porque él era el que iba a ser liberado, pues. Pero a veces uno siente, yo sentía hermano, yo soy real, yo no escondo nada yo sentía que sí, que había algo en mí, y cuando yo vi los demonios que se le manifestaron a mi hijo, yo dije al Señor que son enfermedades, todo lo que son enfermedades, duda, son demonios. Y a veces nosotros decimos que no, que estamos libres y no es cierto.

R.M.: Uhum así es. Hermana cierre usted los ojos ahí. Hay un demonio de Ruina ahí, de deuda, fracaso parte económica.
DEMONIO: ¿Cómo me descubriste? Sí.
R.M.: ¿Desde cuándo estás en ella?
DEMONIO: Sí.
R.M.: ¿Desde cuándo?
DEMONIO: Desde, mmm, ahorita te digo porque ella esperaba algo, y ella se sintió decepcionada. Pero es que no es tiempo del Señor, el que nos sujeta, no es el tiempo. Sí, ella lo vio que él fracasaba y como estaba el espíritu de duda me metió la luz. Ah, pero ella piensa que es una fracasada, pero soy yo que me le manifiesto. Porque ella dice que porque tanto tiempo, porque ella está sola y no tiene su pareja que el que me sujeta le prometió, pero es que van a ser dinamita, y yo no quiero porque yo vivo en los matrimonios, en los matrimonios fracasados, arruinados como no tienes una idea. Y ella va a ser un instrumento, porque ése varón ya le dio, porque Dios se lo dio, van a ser dinamita. Y por eso ella se siente fracasada. Pero el Altísimo todavía dice que no porque la va a pulir más ella va a lograr. Ah ¿Por qué me haces hablar, ah, por qué? Ah, ¿Por qué te digo, por qué me haces hablar? No ves que ella lo está escuchando. Mmm. No, yo no quiero, porque yo la quiero tener siempre en un fracaso, sí. Pero como ella le cree, sí, y lo espera, sí, lo espera, pero el que da las ordenes mayores es el Altísimo, pero yo le hago cosquillas, le hago cosquillas, le hago cosquillas para que no crea, para que se sienta una fracasada, pero he fracasado porque ella le cree a ése que me está diciendo que yo me salga de aquí. Si, que sí. Sí, te digo ¿Para qué me haces hablar? ¿Para qué? Sí, sí, sí, yo me encargue. Sí, ella tiene mucho dinero, pero como es de un corazón bueno. Su hijo, su hijo. Por eso ahí me arraigue yo RUIN, todo se lo está quitando, yo me encargo, sí, de muchos más. Porque la quiero ver en la ruina, porque ella le cree a Dios. Dice ella: Yo

tengo el maná, yo tengo los diez mandamientos, porque yo los conozco y tengo la vara, el poder y la autoridad, pero yo le hago cosquillas, yo le hago cosquillas, le hago cosquillas, porque yo se lo quito, se lo quito a través de su hijo, a través de sus, se dicen amigos, amigos, yo los mando, les presta dinero y no se lo paga y, ella dice: pero ¿Dónde está mi dinero? Sí, porque yo me encargo de quitárselo, porque ella sí no le roba a Dios, siendo una viuda no le roba a Dios, no le roba. No le roba al que me ata. No le roba y por eso dice que ella va a ser bendecida. Ja ja ja, Sí, va a ser bendecida, sí va a ser bendecida. Ah, ¿Por qué me haces hablar? Yo no quiero hablar porque ella le cree.
R.M.: Ruina, ruina. Como tú lo acabas de decir ruina, tú haces que no le paguen, tú eres culpable de eso.
DEMONIO: Sí, sí.
R.M.: Ok. Te voy a dar un minuto ahora, en el nombre de Jesús todo el dinero que le debe ésta gente, ya que tú eres el culpable, todos en el nombre de Jesús le van a devolver el dinero. ¿Ok?
DEMONIO: Ja ja ja, No, porque ella ayuda a gente y las saca de aflicción. No me voy, no me voy, jajaja no me voy, no me voy, no me voy. Me sacaste de su hijo, pero ahí ando, ahí ando a qué hora me meto. A ver a qué hora se le olvida, a qué hora me meto, porque no, no, no, no le voy a devolver nada. No le voy a devolver nada.
R.M.: Ruina.
DEMONIO: No, ella es dadivosa.
R.M.: Ruina, escúchame.
DEMONIO: Ella lo da sin pedir nada a cambio y quita de aflicción. No. A mí me gusta tenerlos en aflicción, tenerlos en aflicción. Sí, así me gusta a mí.
R.M.: Ruina, tú tiempo en ésta mujer se acabó ya, tu tiempo en ésta mujer se acabó ya, se acabó. Recoge todo ahí de ésta mujer en nombre de Jesús, recoge todo.

DEMONIO: (Risas) Ella ha levantado cerco y me está quemando, porque ella se está poniendo la armadura. (Risas)
R.M.: Te marchas para siempre de ésta mujer.
DEMONIO: Me está quemando, porque ella cree en las promesas de su Padre. El que me creo, pero hoy es mi enemigo. Oh jojojo-jojojojojo, Oh jojojojojo, ni modo, ni modo me está quemando, me voy, me voy, me voy, me voy, me voy, me voy.
R.M.: Para siempre deja ésta familia de ésta mujer.
DEMONIO: Me voy, me voy,
R.M.: En el nombre de Jesús para siempre, para siempre con todo su reino vaya de ahí. En el nombre de Jesucristo, para siempre fuera de ahí para siempre, fuera de ahí.
DEMONIO: Vomito, vomito.
R.M.: Para siempre, para siempre mujer eres libre
DEMONIO: (Respira callada)
R.M.: También se va, en el nombre de Jesús, ataque al corazón, dolor también se va, también se va infarto, taquicardia también se va en el nombre de Jesús para siempre. Desocúpenla, desocúpenla.
DEMONIO: ¿Por qué echaste a mis compañeros? Mmm. ¿Por qué los echaste?
R.M.: ¿Quién eres tú?
DEMONIO: (Risas) Fracaso. Fracaso soy. ¿Por qué los echaste? ¿Por qué?
R.M.: Tú sabes por qué. Fracaso, ¿Por qué no te fuiste? ¿Tú eres diferente a Ruina? ¿Tú eres diferente a Ruina?
DEMONIO: Sí, sí, yo la hago que fracase. Que piense que fracasa, pero no, a ella no le importa 'porque ama mucho al Señor, a ella no le importa. Si ella muere, para Él muere. Y me lo sé, porque dice, para Cristo muere, y si vive, para Cristo vive. Por eso no le hago nada. No dice, ella no es ambiciosa. Pero ahí la tengo, ahí la tengo, porque se aflige con las deudas, sí. Ahorita su hijo es

libre, sí, sí, ella lo tiene cercado, pero yo ando buscando dónde meterme, dónde meterme, dónde meterme, porque su mujer tiene, tiene todos ahí juntitos, pero ella lo ata, si es fracaso. No me quiero ir, no me quiero ir.

R.M.: Fracaso, tú sabes tu tiempo en ésta mujer se acabó, es más su tiempo en ésta mujer se acabó. Recoge todo de ésta mujer fracaso y de su familia incluso demonios.

DEMONIO: ¿Sabes dónde estoy? ¿Sabes dónde me escondo? ¿Lo quieres saber? Mmm. Me escondo en la punta de los pies, en los dedos, ahí me escondo, si, ahí me escondo para que caminen al fracaso. Pero ella, ella se cubre, se pone el calzado y me quema. Pero ahí estoy yo, haciéndole cosquillas, sí ahí estoy yo, sí, haciéndole cosquillas. Sí. Hay muchos pastores no me descubren dónde estoy yo, en las uñas, en las uñas de los pies, ahí estoy, ahí me meto, ahí me escondo. Ja ja ja Me voy para afuera porque ésta mujer me quema, me voy para fuera.

R.M.: Te llevas todo, te llevas enfermedades y todo, en nombre de Jesucristo ésta mujer es libre ahora para siempre. Fuera de ahí.

DEMONIO: (Vomito, arcadas, vomito)

R.M.: Para siempre, libre.

SEÑORA LIBERADA: Me cubro con la Sangre de Cristo.

R.M.: Amén.

SEÑORA LIBERADA: Me cubro con tú Sangre.

R.M.: Sólo Cristo.

SEÑORA LIBERADA: (llanto).

R.M.: Victoria en el nombre de Jesús, hermana.

SEÑORA LIBERADA: Amén hermano. (Llanto)

R.M.: ¿Usted pensaba que tenía esa cantidad de Demonios, hermana?

SEÑORA LIBERADA: Mande.

R.M.: ¿Usted pensaba que tenía esa cantidad de Demonios, hermana?

SEÑORA LIBERADA: (Risas) realmente hermano, si, si decía debo de tener porque yo entiendo que son Demonios que nos gobiernan porque nos dejamos, porque abrimos una puerta. Y la Palabra de Dios dice que cuando Jesús estaba predicando entró uno y llevaba Demonios, yo no me acuerdo quién era, pero, era cristiano pero traía Demonios, yo así lo creo.
R.M.: Ok. Cierre los ojos, vamos a hacer un solo escaneo.
SEÑORA LIBERADA: ¿Qué yo cierre?
R.M.: Dolor, recoge y empaca y te vas para siempre en el nombre de Jesús de ésta mujer. Todos los demonios que están en la parte anímica se van de ahí para siempre. Todos los Demonios que están en las partes emocionales de ésta mujer, todos, sufrimiento, tristeza, desanimo, todos, y afines, todos en el nombre de Jesús recojan y se marchan para siempre de ésta mujer, todos. Todo peso ubicado en la cabeza es ésta mujer, en los oídos, en la boca, la nariz, en el cuello, en la espalda, en los hombros, en las manos, antebrazos, pechos, corazón, estomago, partes íntimas, glúteos, piernas, muslos, todo, uña pelo, todo, todo, todo, y se marchan para siempre en el nombre de Jesús. No se quede un solo Demonio escondido ahí, todos, todos, todos, aunque exista alguno escondido ahí, todos, todos. No se queda ninguno escondido en ésta hija de Dios, no tienen ningún derecho legal y los envío para adentro del abismo en el nombre del Señor Jesús. Todo fuera de ésta mujer. Esta libre ahora. Todos, todos, todos, de su espalda, su columna, de sus músculos, todos fuera de ésta mujer, todos, todos, brujerías, pactos, todos, maldiciones, todos, de ésta hija de Dios queda libre ahora en el nombre de Jesús. Cancelo todas las brujerías que a ésta mujer le hayan hecho, todos los conjuros, rezos, palabra de maldición todo lo cancelo en el nombre de Jesús, comida que le dieron, bebida con brujería todo lo cancelo en el nombre de Jesús. Todos los conjuros todos los cancelo en el nombre de Jesús. Todos los muñecos, fotos que a ésta mujer le

han puesto, todas las agujas de alfiler, tierra de cementerio, panteón, todo eso los destruyo, lo deshago en el nombre de Jesús. Todas las brujerías, todas, todas, pacto, todas las cancelo en el nombre de Jesús. Todas quedan canceladas, ésta mujer es libre ahora.
DEMONIO: (Vomito)
R.M.: Fuera todos.
DEMONIO: Ah.
R.M.: Todos, totalmente, pesadez, todos. Ésta hija queda libre ahora en el nombre de Jesucristo. Ésta mujer queda libre. Todos, todos.
DEMONIO: No me has podido descubrir.
R.M.: También contigo. Todos, todos.
DEMONIO: No me has podido descubrir.
R.M.: ¿Quién eres tú? También contigo. ¿Ok?
DEMONIO: Ja ja ja. El que llega a todas las Iglesias. (Risas) Soy el que llega a todas las Iglesias. (Risas)
R.M.: ¿Quién eres tú? ¿Desánimo? ¿Quién eres tú?
DEMONIO: No, umm. Mira que no sabes.
R.M.: No me has respondido. ¿Quién eres tú?
DEMONIO: A los que llego a dormir (Risas), les doy bostezadera (Risas) Cansancio.
R.M.: Ok. Cansancio, el tiempo tuyo se acabó ahí, recoge a todos, empaca a todos y te marchas para siempre en el nombre del Señor Jesús de ésta mujer. Ésta mujer queda libre ahí. Fuera de ahí para siempre, fuera de ahí.
DEMONIO: (Risas)
R.M.: Fuera de ahí, esta mujer queda libre, fuera de ahí por la Sangre de Jesús.
DEMONIO: No me quiero ir. (Risas)
R.M.: Eso no depende de ti, depende de lo que diga la Palabra de Dios.

DEMONIO: No me quiero ir. ¿Sabes dónde me meto? Y voy a hablar porque tú tienes autoridad sobre mí, y ella está clamando que escuchen los que les voy a decir. Que se les caiga las vendas a esos pastorcitos. Me meto, ¿Saben dónde? En la espalda, me meto en los riñones, me meto, me meto en el estómago, ahí me meto, me meto a desordenar, acaban cansados. Pero ella se está poniendo el cinturón de la verdad, porque ella habla verdad y me está quemando, me está quemando.
R.M.: Desocúpala.
DEMONIO: Ya me voy, ya me voy.
R.M.: Para siempre con todo tu reino en el nombre del Jesús.
DEMONIO: Ya me voy, ya me voy. (Risas)
R.M.: Para siempre.
DEMONIO: R.M.: Ya me voy, me mandan.
R.M.: Fuera de ahí.
DEMONIO: Me mandan, me mandan al infierno.
R.M.: Para siempre.
DEMONIO: Al infierno me mandan. No me quiero ir.
R.M.: Fuera de ahí.
DEMONIO: No me quiero ir porque voy a estar en un lugar de tormento, ahí estamos ya encarcelados, encarcelados.
R.M.: Mujer sea libre de cansancio en el nombre de Jesucristo. Libre. Ésta mujer es libre en el nombre de Jesucristo.
SEÑORA LIBERADA: La Sangre de Cristo tiene poder.
R.M.: Ésta usted quedando de quince años, hermana.
SEÑORA LIBERADA: Hay hermano. (Risas)
R.M.: Cierre los ojos ahí por favor. Gordura, también contigo gordura.
DEMONIO: ¿Por qué me detectaste?
R.M.: También contigo. ¿Ok? Recoge todo, todo.
DEMONIO: Están que me ordenan que yo mate de un infarto. (Risas) Ay, ¿Por qué me descubriste? ¿Por qué me descubriste?

R.M.: Para siempre, ¿Ok? Vete ya, tu tiempo se acabó en ésta mujer en el nombre de Jesús, fuera de ella para siempre, para siempre en el nombre de Jesucristo, queda libre ahora, fuera de ahí, para siempre. Ésta mujer fue comprada a precio de Sangre, ahora queda libre ahí ahora en el nombre de Jesucristo. Fuera gordura para siempre. Te arrancó y envío al fondo del abismo ahora mismo en el nombre de Jesús, para dentro del abismo ahora mismo en el nombre de Jesús, fuera de ahí. Fuera. ¿Cómo está hermana?
SEÑORA LIBERADA: (Risas) Me siento mejor.
R.M.: Dios es bueno, Dios es bueno ah. Dios es bueno hermana.
SEÑORA LIBERADA: Amén. Dios es bueno y misericordioso. Dios tiene misericordia.
R.M.: Cierre los ojos, cierre los ojos hermana. También contigo. ¿Ok? Para siempre ¿Ok? Para siempre. También recoge tus demonios. ¿Ok?
DEMONIO: ¿Por qué me descubriste? (Risas)
R.M.: Recoge todo. ¿Ok?
DEMONIO: Sí yo me meto en el temor. Le meto miedo, sí, le meto miedo.
R.M.: Recoge todo. ¿Ok?
DEMONIO: Le meto miedo. (Risas) Estoy pegado. ¿Tú sabes quién es el otro? Baja autoestima. (Risas). Baja Autoestima.
R.M.: También se va de ahí.
DEMONIO: Me meto en los ojos.
R.M.: Ambos se van de ahí, ahora, para siempre. Para siempre en el nombre de Jesucristo, recoja todo y empaquen todo y se marchan para siempre. Baja autoestima, miedo, terror, pánico, todos, nervios, todos en el nombre de Jesucristo, todos. Son todos que se van.
DEMONIO: Ya me voy, me tienes atada, ya me voy.
R.M.: Para siempre en el nombre de Jesús mi Señor.

SEÑORA LIBERADA: Aleluya. Ay Señor Jesucristo. Ésta el poder en la Sangre.
R.M.: Dios es todo poderoso.
SEÑORA LIBERADA: Así es.
R.M.: Hermana son 3 de la tarde aquí en Estados Unidos, no sé qué hora es en México. ¿Qué hora es?
SEÑORA LIBERADA: ¿De qué parte de Estados Unidos es hermano?
R.M.: Seattle, Washington.
SEÑORA LIBERADA: Son las 5.
R.M.: Dos horas de diferencia. Oiga hermana, Jesús le ha dado una libertad tremenda hoy.
SEÑORA LIBERADA: Sí, amén.
R.M.: Cierre los ojos. En el nombre de Jesús mando la espada que es la Palabra de Dios y destruyo todas las cadenas que a ésta mujer le hayan puesto en el cuerpo, en las piernas, en las manos, todas las cadenas, todos los lazos, todas las destruyo, para no predique el evangelio, o no progrese ésta mujer, todas las destruyo en el nombre de Jesús, todas, todas las cancelo o destruyo en el nombre de Jesús. Sale usted libre de ésa cárcel ahora mismo en el nombre de Jesús, y esa cárcel la cierro atrás de ella y la destruyo en el nombre de Jesucristo. Ésta mujer queda libre en el nombre de Jesús, libre en el nombre de Jesús.

Dolor, también te llamo en ésta mujer, para siempre Dolor, ésta mujer queda libre ahora en el nombre de Jesús, libre y sana para honra y Gloria de mi Señor Jesucristo. Libre y sana. Libre y sana en el nombre del Señor Jesucristo, libre y sana. Libre y sana. Salen todos de su corazón, sufrimiento, salen todos de ésta mujer, todos, todos los demonios relacionados con las emociones de ésta mujer. Salen todos de ésta mujer para siempre. Todos, tristeza, ira, rabia, enojo, fuera también de ésta mujer en nombre de Jesús para siempre, fuera de ahí para siempre. Fuera enojo, ira, todos,

todos, salgan de ésta mujer. Todo Demonio de muerte que pasó del esposo que murió, demonios se van de ésta mujer. Todos se van de ésta mujer, todos. Todo demonio de muerte del ex esposo se van de ésta mujer y de su familia. ¿Está claro? Todos se van de ella.
DEMONIO: (Risas)
R.M.: ¿Quién eres tú? ¿Quién eres tú? ¿Tú estabas en el ex esposo de ésta mujer?
DEMONIO: (Risas) Me disfrazo y me meto en su sueño.
R.M.: ¿Tú estabas en él? ¿Te disfrazas?
DEMONIO: (Risas) Sí, me disfrazo.
R.M.: Ok. Ok. Tu tiempo también se acabó en ésta mujer, se acabó. ¿Ok? Se acabó.
DEMONIO: Es que ella tiene miedo. (Risas) de que venga otro esposo. (Risas) Ella tiene miedo. Pero es promesa del que está en el tercer cielo. (Risas) Yo le meto miedo, miedo, (Risas) y me disfrazo a través del que fue su esposo, porque yo ya no tengo nada que ver con él, él está apartadito, yo no puedo meterme porque él está en el seno de Abraham, pero con ella sí. (Risas) Ella tiene miedo, le da miedo, da miedo. (Risas)
R.M.: Ok.
DEMONIO: Le da miedo.
R.M.: De hecho, el miedo viene de parte tuya. ¿No?
DEMONIO: Soy uno de los que quedan de destrucción. (Risas) Le da miedo, le da miedo. (Risas)
R.M.: Aparte de ti. ¿Quién más está ahí?
DEMONIO: Miedo, (Risas) Miedo, le encadeno las coyunturas de los pies. Ahí estoy, ahí estoy.
R.M.: ¿Tú eres miedo, no? ¿Tú eres miedo?
DEMONIO: Sí, de los que quedan, ya los demás me dejaron. Ahí está, ahí está, ahí está, ahí está en las rodillas y en las coyunturas

de sus pies. Ahí está. Miedo. (Risas). Miedo de destrucción. (Risas) ay, sí, ahí está. Ella tiene miedo, pero es libre.
R.M.: ¿A qué miedo?
DEMONIO: Es libre, es libre porque me está quemando.
R.M.: Fuera de ahí en el nombre de Jesús. Fuera de ahí.
DEMONIO: La Sangre del cordero está pasando sobre mi cuerpo.
R.M.: Fuera de ahí.
DEMONIO: Y me está quemando. (Risas)
R.M.: Para siempre te vas miedo. Para siempre.
DEMONIO: Me voy, me voy, me voy.
R.M.: Fuera ahora mismo en el nombre de Jesús
DEMONIO: Me voy, me voy.
R.M.: Fuera de ahí.
DEMONIO: No me quiero ir, no me quiero ir.
R.M.: Para siempre, en el nombre de Jesús.
DEMONIO: Me voy.
R.M.: Fuera de ahí. Solamente Jesucristo reina. Solo Jesús Rey de reyes, Señor de señores. Reyna, Reyna, se acabó los miedos, se acabó todo en el nombre de Jesús.
SEÑORA LIBERADA: Amén. Le digo que me quemó la coyuntura de los pies. Hay Señor Jesús de Nazaret. Hay hermano es increíble esto de ver. Hay Señor Jesús de Nazaret, lo que hacen los demonios. Cuántos pastores líderes estaban, porque hoy se acaba de caer una venda más de los ojos.
R.M.: Así hermana. Muchos. Por eso, parte de que estos videos la gente lo vea, lo vea.
SEÑORA LIBERADA.: Sí, así es hermano.
R.M.: Que conozcan la verdad, y la verdad los hará libres. Al ser libres, se le quita la venda a la gente ya. Aunque muchos no crean al menos se hace el intento. Porque Dios cumple.
SEÑORA LIBERADA: Así es. Hacemos el intento porque no queremos vivir así. Queremos servirle a Cristo.

R.M.: Hermana dele las Gracias a mí Señor Jesús, désela.

SEÑORA LIBERADA: Gracias Señor por lo que ha hecho de mi vida Padre de la Gloria, hoy se me ha caído una venda más de los ojos. Yo sé que tú sanas, y tú salvas, y tú vienes por un pueblo sin manchas y sin arrugas, muchos creemos que estamos limpios ante Ti, pero realmente no sabemos pelear Padre mío de la Gloria. Usa a éstos Siervos Padre, síguelos usando Señor Jesús para que así como hoy he sido libre por Tu Sangre preciosa, sean libres todos los que están atados en éste mundo Señor Jesús, que realmente satanás ha puesto una venda en nuestros ojos para no ver realmente el mundo contrario de nosotros, Señor te doy la Honra y la Gloria Padre mío, Jesús de Nazaret. Bendigo a éste siervo, Señor, porque Tú lo sigas usando en Tu nombre. Amén.

R.M.: Gloria a Cristo, Gloria a Jesús. Hermana, cierre los ojos un momento ahí. Todos los ojos ubicados en el entendimiento de ésta mujer se va en el nombre de Jesús, ahí. Todo demonio que impide a ésta mujer que lea la Palabra de Dios escuche, se concentre en la Palabra de Dios, busque las cosas del Señor, todo demonio ubicado, todo demonio ubicado en esas partes o afines, en el nombre de Jesús, se van de ella para siempre. Fuera de ella, de su oído, de su vista, fuera de ahí para siempre en el nombre de Jesucristo.

Ésta mujer queda libre ahora para honra y gloria de mi Señor Jesucristo.

SEÑORA LIBERADA: Amén.

R.M.: Ok. Hermana. Usted se va 15 hermana. ¿Quién está con usted?

SEÑORA LIBERADA: La hermana Doris.

R.M.: Póngale para ver, ponga a la hermana Doris. ¡Hermana Doris!

HERMANA DORIS: Sí hermano.

R.M.: ¿Cómo está hermana Doris?.

HERMAN DORIS: Bien, estoy contenta, no pensé que la hermana tuviera tantos demonios (Risas) entonces ¿Cómo estaré yo hermano? Sí, ella está más metida que yo. Sí, estoy sorprendida, cada día me sorprende más.

R.M.: Gracias a Dios, porque Dios la está usando para ser intermediaria para que mucha gente sea libre allá en Cancún, hermana.

HERMANA DORIS.: Sí, Amén.

R.M.: Dios la está usando para conectar con Erick, y ésta mujer la mamá de Erick y los que van estar más hermana.

HERMANA DORIS.: Sí. Y faltan más.

R.M.: Es un punto para el reino de Dios. Hermana.

HERMANA DORIS.: Sí, hermano. Hay mucha gente, y ahora con esto que vean de la hermana, más.

SEÑORA LIBERADA: Le digo hermano que hay un montón.

HERMAN DORIS.: Hay mucho trabajo acá en Cancún hermano. Mucho trabajo va a tener porque en todas las iglesias, en su iglesia y la mía mire como están. Solo ella es la guerrera, la fiel, imagínese que ella es la única, y acá en la iglesia que vamos a hacer. Sí, hermano.

R.M.: No hermana. El objetivo que Dios no solamente quiere usarme a mí, Dios quiere usar a mucha gente, incluso al mundo entero quiere usar para esto, y de hecho, lo más seguro que a usted hermana, a ustedes dos, incluso a Erick, entonces Dios abre el camino, la puerta para viajar allá o ustedes vienen acá a Estados Unidos para una clase o charla personal, para practicar más así y ustedes puedan hacer lo mismo allá. Porque hay mucha gente.

SEÑORA LIBERADA: Sí, hermano, este, si no es muy (ilegible) lo que tengo en mente, una visión de parte de Dios de hacer un ministerio acá en Cancún, de cómo ser un verdadero guerrero, y realmente si se pudiera, yo le creo a Dios, nos ponemos a trabajar y ¿Usted estuviera dispuesto a venir hermano?

R.M.: Hermana, para la obra de Dios, hermana, yo hago todo. Porque prácticamente no soy yo es Él, si es que éste cuerpo esté, yo estoy dispuesto no hay problema en eso.

SEÑORA LIBERADA: ¿Y cómo le haríamos? ¿Le pagaríamos sus viáticos?

R.M.: Bueno, de todas maneras los pasajes, sí, eso es lo de menos. El dinero que no sea obstáculo, el dinero que no sea piedra de tropiezo para ir para allá. ¿Ok? Más bien piensen como organizarlo allá. Capacitar primero a ustedes dos, y más adelante a alguien más ahí, y más gente que agarren todas las cosas ya.

SEÑORA LIBERADA: Sí, de hecho. Yo le estoy pidiendo a mi Dios Altísimo que lo podemos ejecutar, tenemos un grupo de ministerio de intercesión, éste para enero. Porque quiero que todo sea coordinado bien e invitar a otras Iglesias, que vengan a ése taller de ministerio porque eso lo que Dios me ha puesto una visión para ejecutar. ¿Cómo ser un verdadero guerrero?

R.M.: Amén. Mucho gusto, no importa si ahí enero cualquier fecha no hay problema, cuadren ustedes lo más pronto posible para que ustedes sigan allá. Porque Dios ya me ha enviado a varias partes y esas partes ya hacen lo mismo y, la idea es esa, la idea es esa que hagan lo mismo.

SEÑORA LIBERADA: Sí hermano, yo, este, voy a hablar con mi pastor porque no puedo pasar sobre la autoridad, y él nunca me impide nada porque soy sierva.

R.M.: Muéstrele el video al Pastor.

SEÑORA LIBERADA: Sí le voy a mostrar porque él está enfermo.

R.M.: Oh, ¿sí?

SEÑORA LIBERADA: Igual es diabético. Sí se lo voy a mostrar cuando yo hablé con él.

R.M.: Sí, por ahí en dos horas ya está ése video en la internet, ya.

SEÑORA LIBERADA: ¿Cómo se va a llamar?

R.M.: Hermana, no sé ni que, tienen tantos nombres esos demonios que, wau, no, yo le aviso.

HERMANA DORIS: No más le pone el de hoy. ¿Verdad hermano?

R.M.: Sí, se va al canal de Cristo Líbera el de YouTube y ahí aparece el video reciente y aparece usted. Gloria a Jesucristo.

HERMANA DORIS.: Sí, hermano. Está bien.

SEÑORA LIBERADA: Sí, realmente estoy impresionada, ya tenía yo en mente éste taller de ministerio.

R.M.: Lo que no sabía es usted iba a ser un instrumento con propias experiencias de los demonios. ¿No?

SEÑORA LIBERADA: Sí. De los que están dentro de nosotros y no lo sabemos.

R.M.: Sí, así es.

SEÑORA LIBERADA: Sí, fueron muchos, por la guerra espiritual.

R.M.: Sí hermana, y con relación al otro hermano. La autoridad de Cristo. Hoy estamos a setiembre 14 del 2014, mi hermana acaba de ser liberada, ella vive en Cancún, México y yo estoy aquí ubicado en Seattle, Washington de los Estados Unidos. Usando la tecnología para el reino de Dios, el Skype. Gloria a Dios, ella fue liberada de Diabetes, muchas, muchas cosas, para el reino de Dios ella fue libre ya. Aleluya.

SEÑORA LIBERADA: Amén.

13. Testimonio de Sanidad de las piernas

Una hermana que padecía de enfermedades en sus piernas, descubre a través del proceso de liberación, que su enfermedad se originó por causa de una maldición preparada por la mamá de su esposo quien la odiaba.(Conjuro) Más allá de esto, el mismo demonio de enfermedad, confiesa que por la fe de esta mujer, en el Señor Jesucristo ella puede ser libre.

Nuestra hermana en Cristo, había pisado sin saberlo, huesos humanos, preparados para que ella recibiera esta maldición.

Otros demonios fueron mencionados por este, que presentaron como el demonio de "Duda".

Cada creyente, que conoce palabra de Dios comprende que Jesucristo pagó el precio por nuestros pecados, para que seamos libres en nuestra alma y cuerpo. "Ciertamente El llevó nuestras enfermedades, y cargó con nuestros dolores"; con todo, nosotros

lo tuvimos azotado, herido de Dios y afligido. Más Él fue herido por nuestras transgresiones, molido por nuestras iniquidades. El castigo, por nuestra paz, cayó sobre El, y por sus heridas hemos sido sanados. (Isaías 53:4-5)
Los demonios también conocen la Palabra de Dios, y saben que luego de haber confesado nuestros pecados, ya no tiene derecho legal de estar allí, porque nuestra alma y cuerpo le pertenecen a Dios. Somos templo de su Espíritu Santo. ¿No sabéis que sois templo de Dios y que el Espíritu de Dios habita en vosotros? 1 Corintios 3:16.
En este caso la puerta demoníaca no fue debido a un pecado personal, sino que fue enviado por un conjuro. Debemos conocer que así como nosotros debemos obedecer la palabra de Dios, también los demonios y toda criatura está bajo autoridad del Creador del Cielo y la Tierra "Y acercándose Jesús, les habló, diciendo: Toda autoridad me ha sido dada en el cielo y en la tierra."Mateo 28:18
Este demonio, reconoce ser el causante de sus enfermedades en las piernas y frio en los pies.
Gracias al Señor Jesucristo que todo lo conoce, sacó a luz las artimañas de las tinieblas." Pues no hay nada oculto que no haya de ser manifiesto, ni secreto que no haya de ser conocido y salga a la luz." Lucas 8:17 y ella quedó libre para la Gloria y Honra de Jesucristo.

Este fue el proceso:

¿Y Quién eres tú ahora? , ¿Tú eres culpable de las piernas de ella?
-Sí (afirma con su cabeza)
-¿Quién eres tú?
-No has podido contra mi…no has podido, te engañé!
-Te engañe, Sí te engañé, que me había ido pero no me fui.

¿Diabetes?
-¡No!, él ya se fue, ya se fue
-Te engañé
-¿Quién eres?
-Tú lo sabes...,te engañé que me había ido pero no !
-¿Quién está escondido ahí?
-Espíritu de maldición.
-¿De maldición?
-Sí, la maldijeron
-Te eh engañado que me fui. Pero no me fui.
-¿Qué clase de maldición fue esa?
-¿Tú eres el culpable de esta maldición en las piernas?
-Sí, ella pisó la maldición
-Por eso no la suelto.
-¿Esa maldición era en contra de ella?
-¿era para ella?
 Sí, la odia.
¿Cuándo fue eso?
-mmm.. Mucho tiempo, mucho tiempo.
-Su mamá, de la que fue su esposo.
-¿Cómo?
-La mamá, de la que fue su esposo.
-La odia!
-Pero ella puede ser libre, porque ella cree.
-¿Cómo fue esta maldición que se le envió a esta mujer?
-¿Qué pisó?
- ¿Con qué objeto lo hizo? ¿Qué fue comida? ¿Qué pasó?
-Lo pisó, con sus pies.
-¿Qué pisó?
- ¿Por qué quiere saberlo?
-¿Qué piso?

-Huesos humanos
-La odia! La odia.
-Lo que tú estás diciendo, ¿lo puedes sustentar ante el trono de Jehová?
-Sí.-
- ¿Cuántos demonios tienes en tú reino?
-Me gobierna duda.
-¿Cómo?
-Me gobierna duda.
-Él es tu jefe?
-Sí. ¡Ella quiere ser libre!
-Ok, te prohíbo en el nombre de Jesús, cualquier engaño. !
--¿Está claro?
-Bien, Tú estás ahí porque a esta mujer le enviaron maldición a través de eso?
-Ella lo pisó, y estuvo ahí, ok?
-Sí.
-¿Esa es la razón por la que tú obras en ella?
-Sí
Si a ti no te hubieran enviado, tú estarías en otra persona o yo que sé...
-pero tú no estarías en ella.
-Sí
-La única forma que se esa maldición se rompa, que se quite esa maldición
-No,
- no qué?
-no me quiero ir!
-Yo sé que no te quieres ir.
-Muchos años en esta mujer.
-Sí
-ok, escúchame bien algo.

-tú sabes que ésta mujer le pertenece completamente a Cristo Jesús.
 -Amén, amén.
-¿Tú sabes lo que significa eso?
-¿Tú sabes lo que Jesús hizo en la cruz del calvario?
-Él llevó todas las maldiciones, todas las maldiciones.
-Sí, hay
-El todas las llevó,
-Porque escrito está: "maldito todo aquel que es colgado en un madero"
-Sí
-¿Eso es su maldición?
-El pago por todas las maldiciones.
-De la humanidad y de todos los hijos de él.
-Sí
-¡Jesús pagó!
-Quiere decir, que esa maldición que ella tenía sobre ésta mujer, ya Jesús la llevó
- ¡pagó!
-Se acabó!
¡No!
-¿Qué no entiendes?
-¿Qué no quedó claro?
-Tú sabes la palabra de Dios.
-¿Oh no la sabes?
-Sí la sé
-Y es para obedecerlo!
-Sí pero, me le eh hecho entrar tristeza.
-ok,
-¡Sí, pero eso no tiene nada que ver!
-Estamos hablando de la maldición que le ha dado derecho legal, que supuestamente a ésta mujer le enviaron maldición.

-Estamos hablando de eso.
-Y estoy recordando que tú sabes perfectamente, lo que Jesús mi Señor, hizo en la cruz del Calvario.
-Sí
-¿Jesús fue castigado por esa maldición. Oh no fue castigado?
-Sí
-¡Jesús no era culpable! ¡Nunca jamás pecó Jesucristo mi Señor!
-No
-Él ocupó el lugar de esta mujer ahí.
-Sí
-Te hago la pregunta.
-¿Esta mujer todavía tiene maldición ahí?
-Sí
-Si Jesús se la llevó, se la quitó, la llevó en la Cruz,
-¿Esta mujer sigue con maldición ahí?
-No
-Así es, así que recoge todas tus cosas de ahí, de esta mujer.
-Arregla todas las cosas de ahí de esta mujer, en los pies, arregla todo, ok?
-Todo, arregla todo antes de irte. En nombre de Jesucristo!
-No me quiero ir.
-¿Qué es lo que tú no has entendido?
-Es que si ella queda libre, me va a quitar almas.
-Te hago la pregunta: ¿Qué es lo que no has entendido de lo que Jesús hizo en la Cruz del Calvario por esta mujer?
-Ella lo sabe, la compró a precio de sangre.
-Pero es que yo no me quiero ir.
-Porque me va a quitar almas.
-¿Y?
-Ella pisó huesos de humano.
-¿y?
-Y le meto frialdad en los pies

-¿Cómo?
--Le meto frialdad en los pies
-ok
-¿y?
-Y ahí estoy.
-ok
-Recoge todo de esta mujer, arregla todas las cosas en nombre de Jesús ahí.
-Tú te vas en un minuto ok? Y arreglas todas las cosas ¿está claro?
-Un minuto
-¿Está claro?, ¿Sí?, ¿oh no está claro?
-¿Qué no está claro?
-Que no me quiero ir.
-De eso no depende, si quieres o no quieres ir.
-De hecho tú no quieres irte, has estado mucho tiempo en esta mujer, pero eso no depende de ti.
-Depende delo que diga la Palabra de Dios.
-Jesús pagó por ella, ¿oh no pagó?
-¿Qué pagó?
-Su libertad?..¿Oh no pagó su libertad?
-Su libertad, pero me tocó.
-El conjuro.
-Por eso le atormento los pies.
-Ok, en nombre de Jesucristo.
-¡Cancelo todos los conjuros!
-¡Todas las oraciones demoníacas que hicieron ahí!
-¡Todo los anulo en el nombre de Jesús totalmente, que hicieron con esos objetos de huesos humanos, todo lo que sea ,lo cancelo en el nombre de Jesús.
-¡Todo queda anulado!
-Se acabó, ¡recoge todo! ¿Ok?

-En nombre de Jesús.
-Arregla todo en esta mujer. Tú en un minuto arreglas todo ¿ok?
-¿Está claro eso?
-Un minuto.
-¡Empieza desde ya! En el nombre de Jesús
-Pon todo tu reino a trabajar. ¿Ok?
-Enseguida ahí.
-¡Empieza desde ya!
-Las venas, ¡todo!
-Van quince segundos.
-Tú la vas dejar como Jehová Dios la creó.¡ Sana por completo!
-Van treinta segundos.
-No te engañes, que me fui.
-Pero no me fui.
-Ok, ¿quedó todo arreglado ya?
-No me fui.
-Ok, ¿quedó todo arreglado ya?
-¿Qué falta arreglar? ¿Más tiempo?
-Sí
- En el nombre de Jesús, arregla todo rápido, en nombre de Jesús, empieza a arreglar todo rápido, todo rápido.
-Todo rápido ahí, te prohíbo cualquier engaño en nombre de Jesucristo.
-Es que diabetes no se fue.
-Te engañé, porque tengo trece años ahí.
-Ella cree, sí, cree, que tú la puedes sacar, porque tienes poder y autoridad, y que me sujeto.
-Pero soy muy fuerte!
-¡Muy Fuerte!
-¿Quién eres tú?
-ok maldición, ¿Quedó todo arreglado maldición, ya?
-¿Qué falta arreglar?

--¿Qué falta arreglar maldición?
-Conjuro, ya te dije.
-Esos conjuros ya quedaron arreglados,
-Te lo dije ya
-Pero la pusieron en la estrella.
-En la estrella satánica de mi padre, ahí la pusieron.
-Tú eres la culpable de la hinchazón de esta mujer.
-Sí
-en las piernas.
-¿Lo puedes sustentar delante del trono de Jehová Dios, que esta mujer fue colocada en una estrella satánica a esta mujer?
-¿La colocaron a ella? ok
-Sí, pero estoy por irme.
-¿Cómo?
- Pero estoy por irme.
-Porque ella cree, ya sanó
-Así es, recoge todo ¿ok?
-Te marchas para siempre de esta mujer en el nombre de Jesucristo. ¡Fuera de ella!
-Destruyo y mando la espada, que es la palabra de Dios, donde está esa estrella satánica ahí, esos círculos que hicieron ahí, ¡todo eso lo cancelo! Lo hago pedazos, en el nombre de Jesucristo.
-Todo lo hago pedazos con la punta de espada, todo lo destruyo, en el nombre de Jesús.
-Y también todos los conjuros, ésos rezos que hicieron ahí, todo lo que sea.
-Todo lo cancelo, lo destruyo, en el nombre de Jesucristo, todo lo anuló totalmente! En el nombre de Jesús.
-Bendigo esa estrella totalmente, en el nombre de Jesucristo.
-Todo lo destruyo.
-Cancelado, todo queda cancelado totalmente, en el nombre de Jesucristo.

-Se acabó! Fuera para siempre, ¿ok?
-Para siempre, de los pies de ésta mujer.
-Te envío para adentro del abismo, que en el nombre de Jesús nunca más regreses a ésta mujer.
-Te expulso de esta mujer, al el fondo del abismo de esta mujer.
-¡ Fuera de ahí !.Para siempre.
-Tú eres Libre! en el nombre de Jesucristo.
-Me produce escalofríos porque dice que su mamá.
-¿Cómo?
-La mamá de mi esposo hizo eso.
-Sí
-¡De gracias a Jesús hermana!, gracias a Cristo Jesús.
-Amén.es que yo sí creo!
-No voy a tomar nada. Creo a Dios y a su pueblo.
-Sí porque en mi sentir, porque uno está consiente.
-Miraba yo que. Las plantas de los pies habían pisado huesos de muerto.
-¿Cómo?
-Habían pisado huesos de muertos.
-Sí, Bueno dele gracias hermana a Jesús que la liberó ¿ok?
-Gracias Padre de la Gloria, me ha hecho libre, libre.
-Libre Señor, porque tu sangre preciosa fue derramada en la cruz del Calvario.
-Así es, amén.
-La sangre de Cristo tiene poder.
-Totalmente.
-Yo creo que, donde quiera vaya hay brujería, hay mucha.
-Sí
-Bueno hermana.
-Vamos a descansar.

14. Dolores, Alergias, picazón. Jesús ya pago

Dolores en el cuerpo, los huesos, Alergias, Picazón, objetos extraños, alergias, que todo el cuerpo me pica, ataques del enemigo.

Esta liberación es muy clave porque muestra claramente el poder de la grandiosa obra que nuestro Señor Jesús hizo en la Cruz, al pagar nuestros pecados con su propia Sangre y muerte. Vera usted los diferentes reinos que se pueden encontrar en una persona.
 Hermano Lector usted puede usar este modelo para su uso. Este es el objetivo.
Los nombres y países han sido cambiados.

Roger: R.

Mujer: M.
Demonio: D.
Demonio 2: D02
Demonio 3: D03

R: Hoy estamos a Julio 3 del 2014 hoy estamos en Seattle Washington, mi hermana se encuentra en España, vamos hacer una liberación a mi hermana en Cristo que va a ser libre. Cuénteme hermana en breve porque usted desea liberación, que pasa en su vida?

M: Porque **yo me siento enferma, me siento muy mal me duele el cuerpo, los huesos, siento objetos extraños, siento alergias, que todo el cuerpo me pica, Siento los ataques del enemigo.**
R: Desde cuando está usted con esta molestia?
M: Ya hace más de 3 años, ya fui a liberación ahí como que ayudo pero ya después siguió otra vez lo mismo.
R: Okey ya escucharon a mi hermana porque necesita liberación, vamos a comenzar la liberación y después vamos hace un video para ver cómo se encuentra. Okey Dios me la bendiga recuerde este es el ministerio Cristo Libera. Mi nombre es Roger Muñoz y estamos para servirles. Con mucho gusto estamos para servirles.

Proceso

R: ¡Responda!, ¿Quién eres tú? Al demonio de más alto rango le estoy hablando yo, en El nombre de Jesucristo. ¿Estas tu ahí Demonio?
Ya oíste a esta mujer, ¿tu estas ahí por los pecados de esta mujer?
D: (Responde no con la cabeza)
R: ¿O estas por los antepasados?
D: (Responde si con la cabeza)

R: ¿Tú eres un demonio de alto rango ahí?
D: (responde si con la cabeza)
R: Okey, ¿cómo te llamas tu demonio cuál es tu nombre?
D: (Agita la cabeza de manera desordenada y balbucea palabras sin significa)
R: ¡No entiendo! ¿Ese es tu nombre?
D: (Responde no con la cabeza)
R: ¿Cuál es tu nombre? ¡En el nombre de Jesús responda!
D: (Agita la cabeza de un lado para otro sin responder)
R: Okey no importa, ¿estas por los pecados antepasados de esta mujer?
D: (Responde si con la cabeza)
R: Okey ¿cuantos demonios tienes tú en tu reino?
D: (Responde no con la cabeza)
R: ¿Estas tu solo ahí?
D: (Responde no con la cabeza)
R: Okey, tú sabes demonio que esta mujer ya pidió perdón por los pecados, ¿ya oíste no?
D: (Responde si con la cabeza)
R: Tu trabajo en esta mujer ya acabo y tienes que desocuparla. Llévate todos los demonios que están ahí en el nombre de Jesucristo, no dejes nada en ella, ni enfermedad nada, esta mujer queda libre ahora en el nombre de Jesús, fuera de ahí para siempre, te envió en el nombre de Jesús para dentro del abismo, si hay demonios sobre las amistades en el trabajo, te llevas todos tus demonios, en la familia de ella en Colombia, o donde sea, te los llevas en el nombre de Jesús para dentro. Todos fuera de esta mujer llévatelos!
D: (Responde no agitando la cabeza con más violencia) nooo!
R: ¿Porque no te vas, cuál es tu razón, cuál es tu justificación, tienes justificación?
D: (Responde no con la cabeza.)

R: Entonces ¿porque no te vas, tú conoces la palabra de Dios correcto?
D: Si (Agitando su cabeza de arriba abajo)
R: Tu sabes bien por la palabra, que esta mujer sus antepasados cometieron pecados, tu estas por pecados generacionales.
D: SI (Responde si con la cabeza)
R: Tu estas en el trabajo no porque haya querido si no por el pecado que cometieron los antepasados.
D: Si (responde con una manera agitada, con movimientos bruscos de la cabeza)
R: ¿Cuantos demonios tienes tú en ella, cuantos?
D: ¡Muchos!
R: ¿Muchos cuantos?
D (Agita la cabeza) Vuelve a balbucear palabras sin significado.
R: Háblame en español en el nombre de Jesús, ¿cuantos demonios hay en tu reino?,
D: (Agita la cabeza)
R: ¿Tienes muchos correcto?
D: (Agita si con la cabeza)
R: ¿También tienen demonios en el esposo familiares?
D: (Agita si con la cabeza)
R: ¿De qué eres tu culpable?
D: (Agita cabeza de un lado a otro y balbucea palabras ininteligibles)
R: Okey escúchame bien, ¿tu estas ahí por las maldiciones generacionales?
D: (Agita si con la cabeza)
R: Es decir que antes que esta mujer naciera, tú ya estabas en esta familia.
D: Si (Agita si con la cabeza)
R: ¿Que pecados hicieron los antepasados?
D: (Agita la cabeza con palabras ininteligibles)

R: Ok, ¿hablas español?

D: (Sigue balbuceando de manera ininteligible, negando con la cabeza hablar español)

R: Okey, escucha algo importante, la palabra de Dios dice que la maldición alcanza a la tercera y cuarta generación, y ese pecado ustedes lo ejecutan los demonios. ¿Correcto?

D: (Agita si con la cabeza)

R: La única manera que ustedes salgan de ahí es que esa maldición sea anulada ¿correcto?

D: (Agita si con la cabeza)

R: Tu sabes bien lo que hizo el señor Jesucristo en la cruz del calvario, el hizo un pacto de sangre con su propia vida con su propio cuerpo, ya se llevó el señor Jesucristo todo el pecado y las maldiciones., Jesús pago por las maldiciones de esta mujer también, de los antepasados, todo lo de esta mujer ya pago Jesucristo. Esta mujer es de Jesucristo ahora es cristiana, a esta mujer la acobija la beneficia lo que hizo el señor Jesucristo en la cruz del calvario, de hecho así es tu sabes eso, quiere decir que esta maldición por la que estas en esta mujer ya quedo rota, porque ya Jesús la rompió. ¡Tú no tienes nada que hacer en esta mujer Ya tienes que irte!

D: ¡No, no me voy!

R: ¡El trabajo tuyo se acabó!

D: No. no, no, no, me quedo, no, no, no quiero, no quiero!

R: 1Tu trabajo se acabó en esta mujer!

D: ¡No, No, No, NO quiero, No quiero!

R: Yo sé que tú no quieres, estás acostumbrado a estar en la familia de esta mujer, estás acostumbrado en ese cuerpo.

D: ¡No me voy, no me voy, no me voy!

R: Tú sabes que eso no depende de ti, que si quieres o no quieres, tú sabes que no depende ti, eso depende de lo que diga la palabra de Dios, eso es correcto.

D: (Agita si con la cabeza)

R: ¡Así es, así es!

R: ¡Esta mujer queda ahora libre de esa maldición tienes que desalojarla!

D: ¡No, no, no, no voy a salir, No voy a salir!

R: Primero te quedas tú ahí te quedas de último okey? Todos estos demonios que están en esta mujer, en el esposo en los familiares, en el trabajo todo, en el nombre de Jesús la desocupan enseguida, tú te quedas ahí de último en el nombre de Jesús ¡Fuera de ahí todos!

D: ¡No, No, No quiero, no quiero, no quiero!

R: ¡Tú te quedas de último! Eso no depende de ti eso depende de lo que diga la palabra de Dios, Tu sabes que es así, Todos los demonios que están es esta mujer todos se van en el nombre de Jesús tú te quedas de último, Todos, Todos se van de esta mujer en el nombre de Jesús para siempre, desocúpenla se llevan enfermedad, se llevan todo de esta hija de Dios, fuera de ahí en el nombre de Jesús, Tú te quedas de último, Te voy a dar un minuto para que salgan todos estos demonios todo tu reino, Empieza a salir ya empieza!

D: (Agita si con la cabeza) y balbucea ininteligiblemente.

R: ¡van 5 segundos!

D: ¡que no quiero que no quiero no quiero!

R: van 15 segundos.

D: ¡que no quiero que no quiero que no quiero!

R: ¡Todos los que están en tu reino salen inmediatamente en el nombre de Jesús!

D: ¡Que no quiero irme, Que no quiero irme, que no quiero irme!

R: ¡Tú te quedas de último!

D: ¡No, no me voy a ir de aquí no, no!

R: ¡quedan 45 segundos!

D: ¡Que no Que no, No me voy a ir, no me voy a ir!

R: quedan 5 segundos

D: ¡No me voy a ir, No me quiero ir!
R: ¿Cuantos demonios se fueron?
D: (agita la cabeza negando) ¡No me quiero ir no me quiero ir!
R: ¡En el nombre de Jesús responde! ¿Todos tus demonios se fueron?
D: ¡no, no, no, no, no, no!
R: ¿Se quedaron ahí todos?
D: (agita la cabeza negando)
R: ¿Cuantos quedaron?
D: balbucea ininteligiblemente.
R: ¿se fueron varios?
D: Si (agitando la cabeza y balbucea ininteligiblemente)
R: ¿son muchos demonios ahí?
D: ¡Si, si, si!!
R: ¡Se salen todos enseguida en el nombre de Jesús!
D: ¡No, no, no, no! (Y balbucea ininteligiblemente.)
R: Escúchame demonio tu no pareces entender!, tú conoces la Palabra de Dios ¿correcto? Yo sé que la conoces muy bien, hasta mucho mejor que muchos cristianos, y muchos pastores conoces la palabra de Dios.
D: Si, si, si
R: Tu sabes que la palabra de Dios es para obedecerla, todos estamos sometidos a la palabra de Dios, todo el mundo está sometido a la palabra de Dios.
D: ¡si lo se lo sé!
R: ¡lo que diga la Palabra de Dios eso es y punto!
D: ¡Pero no quiero, no quiero, no quiero!
R: Ok escúchame bien la palabra de Dios dice, Que Jesucristo llevo todas maldiciones de los antepasados, dice la palabra de Dios que Jesús se hizo maldición, porque escrito esta maldito es el que es colgado de un madero, para que toda maldición Él se la llevara en su cuerpo. Eso está incluido las maldiciones generacionales de

esta mujer. Ya todo lo hizo, Jesús pago, esta mujer era culpable pera ya Jesús pago, ¿está claro eso?
D: Si, Si, Si, Si (en llanto)
R: Ya Jesús pago
D: Si, Si, Si, Si (en llanto)
R: ¡Pago ya!
D: ¡si ya pago, Ya pago!
R: Ya pago así es.
R: ¡Tú te quedas de último y todos estos demonios se van de esta mujer!
¡Salen todos de ahí en el nombre de Jesús!
D: (asintiendo con la cabeza) ¡si!
R: ¡Cuando salgan todos ellos me avisas enseguida en el nombre de Jesús!
D: ¡SI!
R: ¡Todos!
D: ¡Si, Si!
R: Se van enfermedades, se van todas las ruinas, se van todo, todo! En el nombre de Jesucristo, todo lo ponen en su lugar, y se van para siempre en el nombre de Jesucristo, tú te quedas de último.
D: Si, si, si (llorando)
R: ¡Todos!
D: Si, si, si (llorando)
R: ¿Ya se fueron todos?
D: No (llorando)
R: ¿Se están yendo?
D: Si
R: Que se vayan rápido, en el nombre de Jesús, ¡ya Jesús pago!
D: Si, Si, Si, pero ¿por qué pero por qué?!
R: ¿Por que qué?

D: ¿Por qué? ¿Por qué? ¿Por qué? ¡Me tengo que ir! (gritando en llanto)

R: ¡Tú sabes la palabra de Dios!

D: ¡No quiero, pero es qué no quiero irme! ¡No quiero irme de aquí, Pero yo no quiero salir de aquí!

R: ¡Yo sé que no quieres, pero es la palabra de Dios Jesús pago!

D: ¡Pero yo no me quiero ir!

R: ¡Yo sé que no te quieres ir!

D: ¡No! ¡No me saquen! ¡No me saquen! ¡No me saquen! (llorando)

R: ¡No depende de mí, depende de lo que diga El Señor, El Señor Jesucristo!

D: ¡No por favor, no me saques no me saques!

R: ¡Es lo que diga mi señor Jesucristo!

D: ¡No por favor, no me quiero ir de aquí, no me quiero ir de aquí, no me quiero ir no me quiero ir!

R: Yo sé que no te quieres ir, pero eso no depende ti ni de nadie, eso depende de lo que diga la palabra de Dios! Y la palabra de Dios dice que ya ¡Jesús pago por esta mujer!

D: No por favor ¡No, No, No, No!

R: ¡Ya todos los demonios se fueron?

D: ¡No! (en llanto)

R: ¿Todos tus demonios se fueron ya?

D: ¡No! (en llanto) ¡todos no han salido, todos no han salido!

R: Que se vayan todos, ¿Ok? ¡Rápido En el nombre de Jesús!

D: Asiente con la cabeza. ¿Pero para qué, Para qué, Para qué, Me sacas de aquí?

R: ¿se fueron todos ya?

D: ¡No, No! (en llanto) No, ¡yo no me quiero ir de aquí! ¡Yo no me quiero ir de aquí!

R: ¿Ya se fueron todos los de tu reino?

D: No, no, no se han ido de aquí no se han ido de aquí

R: ¿Se están yendo?

D: ¡Si se están yendo se están yendo!

R: ¡Ok todos ok todos, los que están en esta mujer, hijas, hijos familia, en el trabajo en todas partes!

D: Se van, se van (en llanto)

R: ¡En el nombre de Jesús nunca más regresan a esta hija de Dios ni familiares!

D: No es qué no quiero, es qué no quiero, es qué no me quiero ir! (en llanto)

R: Cuando se hayan ido todos me avisas en el nombre de Jesucristo!

D: ¡No, no, no, no, no, NO! (en llanto)

R: ¡Cuando se hayan ido todos me avisas en seguida, te ordeno en el nombre de Jesús, se salen en seguida!

D: No, no, no, no, (en llanto)

R: ¿Cuantos faltan?

D: ¡Muchos!, Muchos!

R: ¿Lo hago junto contigo o separado cómo quieres?

D: ¡No por favor, que no que no!

R: Cómo quieres?

D: ¡Yo no quiero salir de aquí yo no quiero!

R: ¡Tú te quedas de último ahí, en el nombre de Jesús todos los demonios que están ahí salen de inmediato, Para siempre, se van todos para el abismo inmediatamente en el nombre de Jesucristo!

D: ¡Es que no nos queremos ir ninguno, es qué no nos queremos ir!

R: ¡No depende de ustedes! ¿Jesús pago o no pago?

D: ¡Si El pago, EL pago, El pago!

R: Ya El pago

D: ¡Pero es qué yo no quiero irme de aquí!

R: ¡Para eso, el pago!

D: ¡Si, El pago, El pago, El pago!

R: ¡Así es! ¡Así es!
D: Si, si
R: ya el pago
D: Si, si, si, si, si, si sacudiendo la cabeza de manera desordenada y hablando ininteligiblemente)
R: ¡Todos!
R: En el nombre de Jesús todos rápido!
D: (llora y habla ininteligiblemente)
R: ¡Todos, todos!
D: (asienta con la cabeza, llora y habla ininteligiblemente)
R: ¡Solo Jesucristo, por la sangre de Jesús, por la sangre de Jesús, EL es Santo! El Santo!
D: (asienta con la cabeza, llora y habla ininteligiblemente)
R: Los que tengan este video, los televidentes de YouTube, o Facebook que tengan este video, sáquenle copia y repártanlo, y predican a otra gente que no sabe la verdad; Que Jesucristo ya pago, en la cruz del calvario para que sean libres.
R: ¿Todos se fueron ya?
D: (dice no con la cabeza)
R: ¿Cuantos quedan, hay muchos demonios en esta mujer?
D: niega con la cabeza
R: ¿cuantos quedan, ya quedan pocos?
D: Si, si, si, asiente con la cabeza
R: ¡Todos rápido, rápido! ¡Que ya Jesús pago y esta mujer es libre En el nombre de Jesucristo!
D: (asiente con la cabeza y habla de manera ininteligible)
R: ¿Todos se fueron ya de tu reino?
D: (asiente con la cabeza)
R: ¿Lo puedes sustentar ante el trono de Jehová que dices la verdad?
D: (asienta con la cabeza)
R: ¿El esposo y sus hijos quedaron sin demonios?

D: (asienta con la cabeza)
R: Tienes algo que decir antes de irte, te estoy grabando, lo estoy dejando en video para que la gente vea lo que Jesús hizo por nosotros en la cruz del calvario, que el pago por los pecados de la humanidad, ¿tienes algo para decir a la humanidad? ¿Tienes unas palabras?
D: ¡No, no voy a decir nada nada nada!
R: ¡Dile algo a la humanidad en El nombre de Jesucristo!
D: ¡No te voy a decir no te voy a decir no, no, no!
R: Ok, ¿ya te vas a ir?
D: ¡No, no me voy a ir, es qué no me voy a ir!
R: ¡Dile ante el trono de Jehová Dios mi Señor cuál es tu justificación, dile a Él porque no te vas ir!
D: (asienta con la cabeza y dice no)
R: No hay justificación ya pago
D: asienta la cabeza y dice si, si EL ya pago pero yo me voy a quedar aquí
R: Tu trabajo se acabó?
D: No, no, no me quiero ir no me quiero ir
R: Recoge todas tus cosas, en el nombre de Jesucristo y te marchas de ahí para siempre. Te envió en el nombre de Jesucristo. Esta mujer queda libre ahora en el nombre de Jesús, ¡fuera! ¡Para siempre! ¡Fuera! ¡Fuera para siempre en el nombre de Jesús mi señor! ¡Fuera para siempre en el nombre de Jesús mi señor!
D: Sacude la cabeza con violencia y llora
R: ¡Eres libre mujer! ¡Eres libre el Señor Jesucristo liberta! ¡La sangre de Jesús es suficiente el ya pago, esta mujer que libre ahora, en el nombre de Jesús queda libre, fuera para siempre! ¡Para siempre! ¡En el nombre de Jesucristo! Para siempre en el nombre de Jesús, para el abismo se va
D: Sacude la cabeza con violencia y llora

R: Jesucristo ya pago su sangre fue de derramada, Ya la justifico, esa maldición quedo rota, esa mujer queda libre ahora por la sangre de Jesús es libre ahora ¡Por la sangre de Jesús libre ahora ¡fuera para siempre de ahí! ¡Fuera para siempre de ahí! ¡No hay forma, en el nombre de Jesús! ¡Ya lo dice la palabra de Dios es la que manda! Toda esa brujería queda anulada en el nombre de Jesús, todos esos conjuros, todos esos pactos de sangre los cancelo en el nombre de Jesús totalmente, todas esas brujerías, esos conjuros que hicieron los antepasados los cancelo, los anulo. ¡En el nombre de Jesucristo, todo queda anulado en el nombre de Jesús, los pactos que hicieron ahí! En el nombre de Jesús queda anulados. ¡Jesús en la cruz del calvario pago! ¡Fuera de ahí! ¡Fuera! ¡Fuera! ¡Se acabó! ¡Fuera en el nombre de Jesucristo!
D: Sacude la cabeza con violencia y llora y ruega
R: Te arranco y te expulso en el nombre de Jesús para siempre, arrancado de raíz, esa mujer queda libre ahora, Jesús se llevó toda maldición en la cruz, ya Jesucristo pago. ¡Esta mujer queda libre, ahora eres libre! ¡Jesús te liberta en el nombre de Jesús fuera!
D: ¡No más, no mas no más!!
R: ¡Fuera! ¡Fuera! ¡Fuera!
D: No mas No más en llanto
R: Fuera la sangre de Cristo es suficiente, la cruz del calvario de Jesucristo pago ya mi señor pago esta mujer queda libre ahora! ¡Fuera de ah en el nombre de Jesucristo!
D: Sacude la cabeza con violencia y llora
R: ¡Mujer quedas libre ahora!
D: Sacude la cabeza con violencia y llora
R: ¡Eres libre mujer!
R: ¡Eres libre hija de Dios!
D: Asienta con la cabeza llorando y lamentando
D: Sacude la cabeza con violencia y llora
R: ¡Eres libre hija de Dios!

D: Sacude la cabeza con violencia y llora
R: ¡La paz de mi señor Jesucristo sobre esta hija de Dios!
D: Sacude la cabeza con violencia y llora
R: ¡Tú eres libre ahora!
D: Sacude la cabeza con violencia y llora
R: ¡Dilo soy libre!
R: Para siempre eres libre. ¡Jesucristo libera!
R: La fe y gloria sobre Jesús de Nazaret
D: Sacude la cabeza con violencia y llora y lamenta
R: ¿Quién está ahora ahí? ¿Es el mismo demonio o es otro demonio? ¿Es otro demonio?
D02: Si, si, si, si, si, balbuceando palabras ininteligibles
R: ¿Lo puedes sustentar ante el trono de Jehová que eres otro demonio?
D02: Si, si, si, si, si, balbuceando palabras ininteligibles
R: ¿El demonio anterior se fue ya?
D02: Si se fue ya se fue ya
R: ¿Lo puedes sustentar ante El trono de Jehová que dices la verdad?
D02: Si, si, si, si, si,, se fue ya se fue ya!
R: ¿Quién eres tú?
D02: (grita) ¡Otro demonio!
R: ¿Quién eres tú? ¿Cuál es tu nombre?
D02: ¡No se no se!
R: ¿Tienes derecho legal de estar ahí?
D02: Si, si tengo derecho legal
R: ¿Cuál es tu derecho legal?
D02: No sé cuál es derecho legal. ¡No lo sé!
R: Ok, ¿Tú eres el demonio jefe ahí?
D02: ¡Si soy el jefe de todos!
R: ¿Lo puedes sustentar ante el trono de Jehovah que dices la verdad?

D02: Si yo lo sustento

R: ¿Cuantos demonios tienes tú en tu reino?

D02: ¡No sé cuántos!

R: ¿Cuál es tu trabajo en esta mujer? ¿Tú que le estás haciendo? ¿A qué fue que te comandaron a hacerle a esta mujer?

D02: ¡Para acabarla!

R: ¿Cómo lo estás haciendo?

D02: De todo, ¡De todo!

R: ¿Cuantos años ya tu traes en esta mujer?

D02: ¡Muchísimos! Muchísimos! ¡Muchísimos!

R: ¿Desde su nacimiento?

D02: (acude la cabeza de manera violenta y suspira de mala gana)

R: ¿Tu estas por los pecados generacionales?

D02: Si

R: ¿Lo puedes sustentar ante el trono de Jehová, que dices la verdad?

D02: Si lo digo, lo digo

R: Bien, tú sabes la palabra de Dios muy bien, ¿correcto?

D02: (Asienta con la cabeza)

R: Tú sabes que mi Dios es santo, ¡tú sabes que Él es Santo! Y lo que diga su palabra eso es

D02: (Asienta con la cabeza) Si

R: Todo el mundo tiene que obedecerlo

D02: (Asienta con la cabeza)

R: Bien… Tú sabes que la palabra de Dios dice que los pecados son para el Señor ofensas y eso alcanza a la tercera y cuarta generación.

D02: ¡Si, si, si lo sé, lo sé!

R: ¡Y la persona tiene que pagar por esos pecados!

D02: ¡Si, si por eso estoy aquí!

R: ¡Porque hay que pagar por los pecados, correcto!

D02: ¡Por eso estoy, por eso!

R: ¡Y Dios lo que dice su palabra eso es, todo la obedecemos!
D02: ¡Si tenemos que obedecer!
R: ¡Así es!
R: ¿Ahora bien tú sabes la obra que hizo el señor Jesús en el calvario?
D02: (Agita la cabeza de manera desordenada y parece asentir mientras balbucea)
R: Jesús en la cruz del calvario, también se hizo maldición, en la cruz del calvario
D02: (con una actitud molesta) Que sí, que sí
R: Porque escrito esta maldito el que es colgado de un madero
D02: Si, si, si
R: Ya el pago por esas maldiciones
D02: asiente y balbucea
R: Ósea que esta mujer al ser de Jesucristo, esa bendición a ella también la acobija totalmente
D02: Si, si, si
R: Ósea que esa maldición, ese trabajo que tú estabas haciendo ahí, ¡eso ya se acabó ya!
D02: No
R: A ver tu eres el demonio de alto rango ¿correcto?
D02: Si, si soy
R: Por algo eres alto rango sabes que es autoridad y obedeces a tus superiores
D02: Si los obedezco
R: Así es, así es!

R: Jesucristo en su palabra dice que Él es el rey de reyes, el todo poderoso y el ya pago y esta mujer queda libre de esta maldición. ¡Y hay que obedecerlo, no opción, hay que obedecerlo, tú sabes!

Bien tú te quedas de último ahí, y todo tu reino en el nombre de Jesucristo se va de esta mujer para siempre ¡Para siempre! ¡En el nombre de Jesús! No dejes nada en ella ni familiares, ni amigos, nada en el nombre de Jesús, fuera de ahí. Tú me avisas enseguida cuando se vayan todos de ahí. ¡Me avisas enseguida, rápido!

D02: (agita la cabeza) No, no, por favor. Es que no quiero, ¡no quiero! ¡Es que no quiero! ¡No quiero! ¡No me saque de aquí, no me saque de aquí, porque es que no quiero irme!

R: ¿Se fueron todos?

D02: (Agita la cabeza de manera violenta) No, no, no, no, no... (Comienza a sentir con la cabeza) sí, sí, sí, sí.

R: ¿Ya se fueron todos?

D02: ¡Si se fueron todos!

R: ¿Lo puedes sustentar ante trono de Jehová que dices la verdad?

D02: (menea la cabeza)

R: ¿Ni en las hijas, quedaron demonios? ¿O en el esposo? ¿En los familiares?

R: ¿Demonios tuyos de tu reino, no quedaron en las hijas, en el esposo o en los familiares? ¿O en el trabajo? ¿Todos se fueron?

D02: ¡No!

R: ¿Ósea que todavía quedan demonios en la familia de esta mujer o amistades?

R: ¡La orden es que todos se vayan!

D02: ¡Eres muy malo! ¡No, es que no! No. No

R: ¡Todos!

D02: (sigue negando) ¡No, no, no, no, no, es que no, no voy a salir!

R. ¡Todos!

D02: ¡No por favor es que no! No me digas eso no me digas eso!

R: ¡Todos!

D02: ¡No, no me digas eso, no me digas eso, no me quiero ir no me quiero ir!

R: ¡Tú te quedas de ultimo!... ¿Se fueron todos los que están en la familia y todo? ¿Las hijas y todo?

D02: asiente con la cabeza...

R: ¿Trabajo y todo?
D02: (Niega con la cabeza)
R ¿Que se vayan todos ok? En el nombre de Jesús. ¡Todos! ¡Rápido!
D02: (Comienza agitar y menear la cabeza de un lado a otro de manera desesperada)
R: ¿Se fueron todos?
D02 (continúa sacudiendo la cabeza)
R: ¿Se están yendo?
D02: Responde si asintiendo con la cabeza
R: En el nombre de Jesucristo para siempre.
D02: ¡Ya no más! ¡Ya no más! (continúa agitando la cabeza)
R: Le hablo a todos los que están viendo este video, bájenlo y distribúyanlo. ¡Muéstrenlo a los pastores, muéstrenlos a la gente al mundo entero! Buscamos que la gente vea la verdad, lo que Jesús hizo en el calvario liberar a la gente!
D02: (continúa agitando la cabeza)
R: ¿Ok, se fueron todos ya?
D02: ¡Nos estamos yendo!
R: ¡Sigan yéndose!!
D02: (Balbucea Gritando de mala gana) ¡Es que no quiero es que no, no, no, no!
D02: (Comienza a hablar un leguaje desconocido)
R: Esto es idioma demoniaco, lenguaje demoniaco. Hay mucha gente engañada.
D02: ¡Si así así así es!
R: ¿Se fueron todos?
D02: No, No, No, ¡Ella no lo puso ella nos lo puso!
R: ¿Quién lo puso?
D02: ¡Ella! ¡Ella! ¡Ella!
R: ¿Ella misma?
D02: No, No, No. No

R: ¿Los antepasados?
D02: ¡NO! ¡No! ¡No! ¡Ella, ella, ella, ella!
R: ¡No entiendo!
D02: Ella no lo puso. ¡Ella no lo puso, ella no lo puso! ¡Ella no! ¡Ella no! ¡Ella no lo puso! Ella, ella, ella. ¡Esa mujer! ¡Esa mujer! ¡Esa mujer!
R: Alguien a ustedes los enviaron a esta mujer,
¡Le hicieron brujería a esta mujer!
D02: Si ella fue, (asintiendo con la cabeza)
D02: Ella sabe quién es (agita la cabeza)
R: Okey
D02: Ella sabe quién es y ella sabe porque no confía en ella.
R: ¡Okey perfecto! ¡Bien! ¿Todos los demonios se fueron ya?
D02: ¡No, no se han ido!
R: ¿Cuantos quedan?
D02: ¡Como miles!
R: ¿Lo puedes sustentar ante el trono de Jehová que dices la verdad?
D02: ¡Si lo digo lo digo!
R: ¿Todos los demonios anteriores a los que están ahorita se fueron?
D02: (niega con la cabeza),
R: ¿Ahí está?
D02: ¡si ahí está, ahí está!
R: ¿Tú eres demonio de brujería no?
D02: ¡Si soy un demonio de brujería!
¡Okey bien! Tú te quedas un momentico voy a llamar al demonio que está ahorita ahí hablando, tú te quedas a un lado okey?
D02: Esa mujer fue, esa mujer fue, ella ya fue, ¡ella fue!
R: espérame un momentico, vamos a seguir hablando contigo, tu estas por brujería ahí?
D02: (demonio asienta con la cabeza) ¡si estoy por eso!

R: te ¡enviaron a hacer el trabajo ahí?
D02: Si (asintiendo con la cabeza)
R: ¿Por un trabajo que te mandaron a hacer?
D02: ¡Si él ya fue él ya fue!
R: ¡Tú no estarías en esta mujer si a ti no te hubieran enviado a ella! ¡Tú estarías en otra parte!
D02: Si, sí, sí.
R: ¡Tu estas obedeciendo, el trabajo que te mandaron a hacer!
D02: ¡Si, si yo estoy obedeciéndolo a ella!
R: ¿Cual es trabajo que te mandaron a hacer? ¿Qué te mandaron hacer? ¿Qué te trabajo fue?
D02: ¡Que la mate!
R: ¿Y cómo lo estás haciendo?
D02: (Agita cabeza de un lado a otro y suspira fuerte) balbucea y grita "Lo estoy poniendo todo, todo, todo!
R: ¿Qué clase de brujería le hicieron Con fotos?
D02: (Niega con la cabeza)
R: ¿No fue con fotos? ¿Muñecos?
D02 (asienta con la cabeza)
R: ¿Fue con muñecos?
D02: (menea la cabeza)
R: Okey voy a cancelar esa brujería, para que esta mujer quede libre de toda esa brujería okey? Voy a cancelar esta brujería, esta orden, para que esta mujer quede libre sin esa orden ahí. La única forma es eso ok?
D02: (sacude la cabeza de lado a lado en señal de negación) ¡No, no, no, me saquen no me saquen! ¡No quiero! ¡No quiero! ¿Porque? ¿Porque? ¿Porque?
R: ¡Yo en el nombre de Jesucristo! Cancelo, la brujería, los conjuros, los rezos, las palabras de maldición que le hicieron a esta mujer con brujería, todo lo destruyo, lo cancelo, en el nombre de

Jesucristo, cancelo totalmente cancelo en el nombre de Jesucristo. ¡Okey demonio se canceló! Okey?

D02: ¡Asiente con la cabeza!

R: Recoge todas tus cosas de esta mujer ok? Recoges todo! Te marchas te estas llevando tus demonios en el nombre de Jesús!

D02: No, No, No, (rogando)

R: ¡Te marchas para siempre de esta hija de Dios fuera de ahí! ¡Tu trabajo se acabó en el nombre de Jesús!

D02: (ruega y llora)

R: te llevas todos tus demonios okey? ¡Fuera de ahí! ¡Fuera!

D02: ¡Por favor, por favor! (leguaje demoniaco) ¡Ella me lo hizo ella me lo hizo! ¡María! ¡María!

R: ¡El trabajo se acabó! ¡Ya ese trabajo en el nombre de Jesús ya lo anule ya!

D02: (Grita) ¡María, María, María!

R: El Trabajo que María hizo ya lo anule, ¡ya!

D02: ¡No, ella fue, ella fue! ¡Ella fue! ¡María, maría, María!

R: ¿María fue?

D02: si ella fue...

R: Okey ya ella te envió! Pero ya lo anule y ya lo cancele!

R: Tu trabajo se acabó ya en esta mujer!

D02: ¡No, no, no, no, no! (lenguaje demoniaco)

R: ¡Fuera de ahí en el nombre de Jesús ahora yo te envió en el nombre de Jesucristo! No tienes ni una función en esta mujer ya! Ahora en el nombre de Jesucristo con todo tu reino te vas ahí para dentro ahí inmediatamente y no vuelves. ¡Fuera de ahí para siempre esta mujer queda libre ahora! ¡Fuera! Fuera de ahí! Se acabó!

D02: (llorando, lamentándose, negándose y agitando la cabeza con lenguaje demoniaco)

R: ¡Fuera de ahí se acabó! ¡Esta mujer queda libre ahora!

D02: (llorando, lamentándose, negándose y agitando la cabeza con lenguaje demoniaco)

R: ¡Fuera de ahí! ¡De ahí para siempre en el nombre de Jesucristo Fuera de ahí!
D02: (llorando, lamentándose, negándose y agitando la cabeza con lenguaje demoniaco)
R: ¡Fuera!
R: ¡Esta mujer queda libre ahora!
D02: (asiste con la cabeza) Si, si, si.
R: ¡En el nombre de mi señor!
D02: (sacude la cabeza de un lado a otro)
R: ¡Queda libre ahora!
D02: (llorando, lamentándose, negándose)
R: ¡Fuera de inmediato con rapidez, es una orden en El nombre de mi señor!!!
R: ¡Fuera!
D02: (sacude la cabeza de un lado a otro, lamentándose)
R: ¡De inmediato es una orden del señor Jesucristo mi señor!
D02: (sacude la cabeza de un lado a otro, lamentándose)
R. ¡Esta hija de Dios queda libre ahora!
D02: (sacude la cabeza de un lado a otro)
R: ¡Fuera de ahí!
R: ¡Tú eres libre mujer!
D02: (sacude la cabeza de un lado a otro)
D02: ¡No me ido, no me ido no me ido!
R: ¡Si ya se, que no te has ido! Ya oíste lo que esta mujer hablo!
D02: ¡Sí! ¡Asintiendo con la cabeza!
R: Que ya perdono a esa mujer (María) pidió perdón a Dios y quedo todo en paz ahora okey? Tu trabajo se acabó en esta mujer okey?
D02: (sacude la cabeza de un lado a otro y negando)
R: ¡Vete de esta mujer enseguida en el nombre de Jesús! ¡Esta mujer queda libre ahora vete de ella! Fuera!

D02: (sacude la cabeza de un lado a otro y negando) ¡NO más, no más, no más, no más! ¡Ya no quiero más con ella, ya no quiero más con ella, ya no quiero!

R: ¡Así es!

R: ¡Te llevas todo okey en el nombre de Jesús! ¡En el nombre de Jesús todo, no dejes nada en esta hija de Dios!

D02: (sacude asintiendo)

D02: (sacude la cabeza de un lado a otro)

R. ¡Queda liberada!

D02: ¡Si me voy, si me voy, si me voy, si me voy! ¿Por qué? ¿Por qué? ¿Por qué? ¿Por qué? ¿Por qué? ¿Por qué me voy? ¿Por qué me voy? ¿Por qué? ¿Por qué? (Sacude la cabeza de un lado a otro y negando) ¡No más, no más!

R: Porque es la orden del rey de reyes y señor de señores! ¡No por favor, no más, no me hagan esto no! ¡No quiero! Es la orden de mi señor Jesucristo!

D02: (sacude la cabeza de un lado a otro y negando) no más!!

R: ¡Fuera de ahí vete de ahí!

D02: (sacude la cabeza de un lado a otro y hablando lenguaje demoniaco)

R: ¡Rápido, rápido, rápido!

D02: (sacude la cabeza de un lado a otro y negando)

R: ¡En el nombre de Jesús rápido!

D02: (sacude la cabeza de un lado a otro y asiente)

R: ¡Queda libre ahora!

R: ¡Jesús libera!

R: ¡Eres libre mujer! ¡Hija de Dios!

¡Mujer parece que se va calmando poco a poco!

R: Solo Jesucristo mi señor., aquellos que están viendo estos videos y estudian estos videos, suscríbanse a este canal hay más cosas que hay que aprender ver,

R: quien está ahora aqui quien eres tú? El mismo demonio?

D03: (sacude la cabeza de un lado a otro y negando)
R: Eres el mismo demonio? todavía ahí?
D03: (sacude la cabeza de un lado a otro y negando)
R: es otro demonio?
D03: (sacude la cabeza afirmando)
R: lo puedes sustentar ante el trono de Jehová que eres otro demonio diferente?
D03: si a h si ah sí!
R: ¿El demonio anterior se fue?
D03: ¡Se ha ido se ha ido se ha ido!
R: Lo puedes sustentar ante el trono de Jehová, que dices la verdad
D03: Si se fue se fue se fue!
R: ¿Tú eres el demonio jefe? ¿Tú eres un demonio jefe ahí?
D03: No (sacude la cabeza de un lado a otro y negando)
R: ¿Tienes un jefe tuyo ahí? ¿Tienes un jefe ahí?
D03: Si lo tengo, lo tengo, lo tengo!
D03: (sacude la cabeza de un lado a otro y negando hablando ininteligiblemente)
R: ¿Cuál es el nombre de tu jefe?
D03: No (sacude la cabeza de un lado a otro y negando balbuceando) es malo es malo!
R: Si yo sé pero ¿cuál es nombre de tu jefe? ¿Cómo se llama él?
D03: (sacude la cabeza) ¿Que quiere que si le diga' que quiere? ¿Qué quiere?
R: ¿Cuál es el nombre de tu jefe?
D03: Mi jefe se llama Feo, Feo, Feo.
R: ¿Se llama feo?
D03: ¡Si, Feo, Feo!
R: ¿Ya tú te quieres ir?
D03: ¡No me quiero ir!

D03: No (sacude la cabeza de un lado a otro y negando) ¡no me quiero ir, no me quiero ir no!
R: Okey voy a llamar al demonio Feo, tú te quedas a un lado en El nombre de Jesucristo, Voy a llamar al demonio Feo
R: ¿Feo, eres tu Feo?
D03: Si soy yo Feo, Feo
R: lo puedes sustentar ante el trono de Jehová que tú eres el demonio feo.
D03: Si soy yo soy yo soy yo (balbucea)
R: ¿Demonio feo desde cuando tu estas en esta mujer?
D03: ¡No hace mucho no hace mucho!
R: ¿Meses?
D03: mas, mas, mas
R: ¡Años bien!
D03: poco poquito, poco, poco
R: ¿Feo cuál es tu función en esta mujer?
D03: (sacude la cabeza de un lado a otro y grita) Que se ponga fea!
R: oh! Que se ponga de tu naturaleza ¿Que se ponga fea?
D03: ¡Que se ponga fea!
R: ¿Y cómo lo estás haciendo?
Con mucho ego por todas partes, la estoy haciendo muy fea mucho, mucho muy fea! La está haciendo re fea feísima!
R: Te enviaron a ti feo? Te enviaron hacer ese trabajo?
D03: (sacude su cabeza de un lado a otro) Si
R: Brujería
D03: Si, Si, Si, Si
R: Quien te envió?
D03: (sacude la cabeza de manera desordenada y parece decir María)
R: María?
D03: (se sacude) No, no, no, hacia un tiempo ya no venía aquí.

R: ¿ahí en España o en Colombia?
R: ¿En Colombia?
D03: (se sacude) Si
R: Okey!
D03: haya me pusieron, haya me pusieron!
R: ¿Como lo hicieron?
D03: (balbucea y se sacude) me pusieron por medio de algo
R: Okey
D03: (balbucea y se sacude) fue ella
R: fue una mujer
D03: Si fue una mujer
R: ¿Cuál es el nombre de ella?
D03: (balbucea y se sacude)
R: okey tranquila no lo digas no lo digas no hay necesidad de decirlo! Por lo tanto de inmediato te vas de aquí en el nombre de Jesús. ¡Fuera, fuera, fuera!, Eres libre mujer.

Gracias Cristo, soy libre.
R: Amen.

15. Depresión, Ansiedad, Opresión, Taquicardia.

Este hombre tiene un testimonio grande. Lo que este hombre sufría, era fuerte y de muchos años, tanto que cuando este hombre me contactó parecía que se estaba muriendo. Por eso me llamó de madrugada, me despertó, me dijo por Skype, que sentía que se estaba muriendo en ese momento. Sé que éste hombre estaba bien grave.

Cuénteme Hermano qué pasó.

Yo antes me encontraba en una depresión muy profunda, no sentía emociones, cada día, migraña, me costaba mucho trabajo poder vivirlo, sentía una opresión en el estómago, un dolor terrible, ataque de ansiedad, taquicardia, del corazón latía a mil por hora. Zumbidos en el oído, y migraña, dolor de cabeza. Mientras caminaba a veces me entraban pensamientos, que hacían creerme que me estoy volviendo loco, que la vida no tiene sentido, y a veces sólo deseaba la muerte, y de tanto dolor que tenía yo creo que intentaría suicidarme, pero es que el dolor que tenía me hacía desear la muerte. Y me ponía nervioso, demasiado nervioso, me ponía intranquilo, me faltaba el aire, sentía sensación de asfixia, y los últimos días antes de la liberación, yo ya estaba muy mal, a punto de perder el conocimiento, terminada en la calle, me desesperaba. Pero gracias a Dios y, a su poder y a sus siervos como el Hermano Roger, que él da sanidad, él da liberación, y yo ahora estoy bien. Antes de la liberación, estaba intranquilo, con la opresión en el pecho, sentía que no podía respirar, dolor de cabeza, todos esos síntomas. Pero ahora gracias a la liberación, me siento normal, recuperando mis fuerzas, en el nombre de Jesús. Tenemos un Dios de poder, un Dios poderoso y el más grande que todo demonio, y él nos puede ayudar.

Amén. Carlos, tú me decías a mí, que tú no podías dormir. ¿Cómo te afecto tu vida personal todo eso, y desde cuándo?

Desde hace dos meses. Desde que conocí una chica, y luego entro depresión, y esa depresión me hacía aislar de todo el mundo, había allí un espíritu de acusación, que si yo salía, no era hijo de Dios, no me permitía disfrutar de la vida, de comer. Todo para estar echado con esa aflicción. Para estar aislado con esta aflicción aguantando el dolor. Y me aislé completamente de mis estudios, baje el rendimiento bastante, iba a dar exámenes con dolor de cabeza. Todo eso me afectaba. Y yo buscaba otra solución, ir a la iglesia pero nadie me tomaba en serio, decían que era estrés nada más. Hasta que gracias a Dios busque por internet, y pude encontrar al Hermano Roger. Antes que nada poder decirles eso, que los cristianos también pueden ser oprimidos por los demonios. Yo sé qué es verdad y hay que cerrar a las puertas a los demonios. Mucha gente necesita saber esta verdad, para que puedan estar libres.

Ok, la dormida ¿Cómo era tú dormida?

No dormía, toda la noche estaba haciendo fuerza para dormirme, y dormía solamente dos horas, desde las cinco de la mañana hasta las siete. Me despertaba igual con fuerzas pero eso poco a poco, me iba debilitando. Tenía alergia, me estaba causando problemas intestinales. Porque los demonios son astutos, aprovechaban éstos ataque de ansiedad, y si podía respirar me querían matar, pero gracias al Sr. Jesucristo que puso su mano, me ha sacado.
Gloria Señor, ¿y tu Madre estaba bien preocupada por eso no?
Si todos, mi familia, todos estaban preocupados por mí. Todos estaban también orando. Muchos hermanos por mí orando. Pero no encontrábamos una razón explicable. Siempre he estado sano, pero no era algo físico, y no sabían de donde venía. Dolores inexplicables y mucha gente decía, es estrés., pero eso estaba a punto de matarme. Pero gracias a Dios que las oraciones fueron escuchadas, y gracias a la misericordia de mi Señor Jesucristo que ahora estoy sano, y voy a serle fiel a Dios y que pueda usar mi vida para él.

Gloria a mi Sr. Jesucristo mi Hermano. Toda la honra y gloria para él.

Es que Hermano Carlos, el todo el ya lo hizo en la cruz. El hace más de 2000 años lo hizo y también su palabra lo dice. Así que sí es verdad lo hizo, y no se justifica que un cristiano, hijo de Dios, esté pagando por eso, y se está pagando por eso, es porque algo hay, algo hay que le impide la bendición de parte de Jesucristo.

Hay algo que lo está afectando, y ese algo hay que buscarlo, buscar la causa para que sea libre, porque ya Jesús lo hizo. Ahora, de parte de nosotros, debemos de buscar la verdad, para ser libre y de hecho tú como joven, buscas de la verdad, en pastores y esas cosas, y tuvisteis liberación. De hecho, los demonios se fueron. Muchos demonios hay, esos son los que hacen el problema.

Me doy cuenta de eso, y me interesaba este tema, que el ministerio necesita entender bastante de eso para tener mejor iglesia, para que haya más Hermanos. Y para que el Sr. Jesucristo libere más gente.
Amén. Cristo es Poderoso!

16. Libre de Pornografía

Antes de empezar quiero contarles un poco de mi vida…
Soy hijo de un hogar integrado por misericordia y gracia de Dios, mi papá fue el primero en llegar a los pies de Cristo luego de tocar fondo como resultado de llevar una vida totalmente lejos de Dios, una vida desordenada en todos los aspectos, vicios, mujeres, despilfarro de dinero, egoísmo, machismo, etc.

MI papá le entrega su vida a Cristo cuando yo tenía 12 años aproximadamente y desde allí comienza mi caminar con Dios.
A pesar que empecé joven, me fui alejando poco a poco conforme iba creciendo, descubrí la pornografía por primera vez en la casa de mi mejor amigo, en video y revistas pero fue muchos años después (en 3ro. Básico, 1998) fue que por curiosidad de experimentar lo que tanto hablaban mis compañeros de clase, caí en masturbación y pornografía comenzando una lucha titánica por ser libre.
Al inicio no lo vi como algo malo, incluso soy honesto al decir que la primera vez hasta le di gracias a Dios que mi organismo funcionaba a la perfección, pero luego de hacerlo una vez y otra

vez y otra vez, semana tras semana, mes tras mes y llegar cada año nuevo con la meta de que esta iba a ser la última vez y que el otro año era un año nuevo para empezarlo sin ese vicio, pero siempre durante 17 años fue exactamente lo mismo.

En septiembre de 2003 luego de llevar una vida de mucha parranda y fiestas con amigos de la universidad, toque fondo, y Dios me busca por medio de unos amigos y nuevamente le entrego mi vida al Señor, nunca había experimentado tanto amor, tanta libertad.

Me tiré de cabeza a buscar a Dios, Dios se empezó a manifestar de gran manera en mi vida, con muchos detalles que Él y yo entendíamos, logre dejar el vicio por completo, cuidaba mis ojos, mi mente, pero luego de 4 meses de libertad volví a caer en el pecado de la pornografía y la masturbación.

Pase muchos años en el liderazgo, ganando almas, discipulando jóvenes y ayudando y motivando a otros a mejorar su relación con Dios, pero siempre luchando cada 15 días o 1 mes con este vicio que me consumía a escondidas.

Siempre fui genuino, mi arrepentimiento siempre era verdadero aunque a los 15 días era auto engañado con ver la televisión muy noche y mi caída era constante.

Pasaron los años, el pecado se fue agravando, porque llegue al punto de conquistar mujeres que recién conocía en un solo día, las seducía y aunque no llegábamos a finalizar en la cama, si hacíamos cosas que no eran correctas para Dios.

En todos estos años, nunca dejé de ir a la iglesia ni deje de congregarme ni deje el liderazgo, siempre borraba los contactos por completo cuando me ponía a cuentas con Dios para no tener la tentación nuevamente a la mano.

A pesar de todo, siempre tuve el temor de Dios en no tener relaciones sexuales del todo con alguien, sabía que en ese momento perdería muchas bendiciones en mi vida, a pesar que estuve en pecados muy cercanos e igual de graves que ese.

Viví esclavizado por muchos años en chats eróticos, pornografía, amigas con derecho que lograba seducir en un solo día cuando me regresaba la ansiedad cada cierto tiempo.

Cuando Dios me dio la bendición de conocer a mi novia que hoy es mi esposa, hice un pacto con El que le sería fiel y que dejaría de buscar mujeres y de seducirlas para respetar a mi esposa y lo logré como por 3 años hasta que nos casamos.

Durante mi noviazgo, no caí con ninguna mujer, pero no logré dejar la pornografía ni la masturbación y aunque no tuve una relación sexual formal con mi actual esposa, si cometimos muchos pecados sexuales, a pesar que ambos buscábamos a Dios de corazón y lo amábamos.

En mi vida de casado y tomando como excusa (que por cierto NO es válida), las múltiples heridas que fueron provocadas por mi esposa me inclinaron a nuevamente abrir puertas más pecaminosas en mi vida.

Recuerdo una pelea en la que salí a las 2:00 a.m. de nuestro apartamento como a los 6 meses de casado, cuando por despecho me fui a meter a un prostíbulo, comencé a frecuentar lugares de masajes sexuales y retomé el vicio de seducir a mujeres en un solo día pero nuevamente con el temor de nunca culminar en relación sexual formal.

La pornografía, la masturbación nunca se fueron de mi vida y ahora lidiar con todos estos pecados nuevos comenzaron a ponerme realmente en alerta porque estaba literalmente jugando con fuego poniendo en riesgo todo.

Recuerdo meses atrás a mi concuño comentar del Ministerio Cristo Libera que se sometió a una genuina liberación de pecados similares como infidelidad y otros que me llamaron la atención y sabía que necesitaba ayuda de ese tipo ya que por muchos años luche con mis fuerzas sin tener éxito.
Contacté la página del ministerio, llené el formulario con los datos más explícitos posibles, di una ofrenda según lo que Dios puso en mi corazón y estuve con mucha disponibilidad el día de la cita.

Dios fue misericordioso conmigo, me liberó de muchos demonios que atormentaban mi vida en esas áreas originados muchos de ellos desde mis ancestros, demonios generacionales, estos fueron cortados de raíz y no pasarán ya que no tienen el Derecho Legal Espiritual a mi siguiente generación, háblese de mis hijos, nietos, bisnietos y tataranietos, etc.

Fui liberado de un demonio de celos, temor, inseguridad, de enfermedades en los ojos, disfuncionalidad eréctil, enfermedades del habla, de la piel y otras provocadas por estos pecados sexuales.

Fui liberado de un demonio de mentira, que fue el que más costo que saliera, este me mentía constantemente en la mente y jugaba con mi mente haciéndome creer muchas mentiras respecto a mi esposa causándome serios problemas con ella.

Fui liberado de un espíritu de gula, ansiedad, estrés, inmoralidad sexual, perversión, infidelidad, adulterio, pornografía, masturbación, seducción, sensualidad.

Fui libre de todo espíritu de brujería, hechicería y todo lo relacionado con eso que me ataban por nombre, foto, comida, número de teléfono, etc. Provocado por abrir puertas de ese tipo, todo fue anulado por la Sangre de Cristo Jesús.

Pude experimentar un gozo nuevamente en servirle a Dios, sin duda mi pasión regresó como al inicio, las relaciones sexuales con mi esposa mejoraron mucho, mi manera de expresarme, de hablar en público se mejoraron.

Por experiencia propia sé que soy vulnerable y que si me descuido caigo fácilmente, aprendí a auto liberarme y he podido experimentar la gran misericordia de Dios en mi vida.

Hoy Dios me da un nuevo regalo, algo que me aferra a buscar más de Dios y a temerle a fallarle, Hoy confirme que soy Papá ya de un bebe que apenas mide 4mm y que será una persona conforme al Corazón de Dios y lleno de su Espíritu Santo que no sufrirá de los ataques que yo sufrí y que mis ancestros sufrieron porque todo pecado generacional fue cortado en mi generación yo me pongo en la brecha y soy el último y quién lo cortó de raíz en el nombre de Jesús.

Dios los bendiga y los motivos a que de ahora en adelante vivamos una vida llena de abundancia, plena y en completa libertad cuidándonos de no caer.

Saludos desde Guatemala.

17. Diabetes, tiroides, presión alta y rosácea, ira

Testimonio de Fidelina Umbert de Argentina...

Yo pedí ayuda porque a pesar de haber ver recibido a Cristo en mi corazón como Señor y Salvador, yo sentía por momentos arranques de ira, enojo, broncas. Y no sabía porque. También sufría de enfermedades crónicas como la diabetes, tiroides, presión alta y rosácea (enfermedad de la piel que sale en la cara como alergias). Cada día mi rostro estaba peor.

Fue así que pedí ayuda al Pastor Roger. El decidió hacer una oración de liberación, donde yo manifesté con miles de demonios, fue tremendo el trabajo que el Pastor ya que estuvo como dos horas batallando con toda la legión de demonios. Esos demonios tenían tomado mi cuerpo, mi mente. Me provocaban todas las enfermedades de mi cuerpo, todas gracias a esta liberación por parte del Pastor en el Nombre de Jesús soy libre y no tengo más ataques de ira ni broncas. Mis enfermedades están bien controladas deje de tomar pastillas y la enfermedad de la rosáceas de la cara desapareció completamente ya mi rostro no tiene ninguna marca, todo desapareció y no volvió en el Nombre de Jesús. Con esto nos damos cuenta que los cristianos podemos tener demonios como yo los tenía, que te causan enfermedades y toda clase de problemas en tu vida. Yo agradezco al Pastor Roger D Muñoz por dejarse guiar y usar por nuestro Señor Jesucristo. Lo bendigo en el Nombre de Jesús junto al ministerio Cristo Libera.

18. Cáncer, alergias, Tiroides, Colesterol, Colon, estomago

Mi nombre es Rosa, soy de Perú. Soy cristiana hace 6 años, recibí a Cristo, para la gloria y honra de mi Señor.

Antes de conocer a Jesús viví una vida de angustia y dolor muy atada a sufrimientos y enfermedades y brujería, por maldiciones generacionales, porque mi madre caminó mucho en la brujería, por sus antepasados. Ella era muy idólatra y la palabra de Dios dice en Apocalipsis 21:8 "Pero los incrédulos, cobardes, los abominables y homicidas, los fornicarios y hechiceros, los idólatras y todos los mentiros tendrán parte en el lago que arde con fuego y azufre que es la muerte segunda, y en Oseas 4:6 dice: "Mi pueblo fue destruido por que le faltó conocimiento".

Por no conocer la palabra de Dios nos extraviamos del camino de la verdad. Mucho tiempo caminé en el pecado, haciendo cosas que al Señor no le agradan, hasta que un día conocí a mi Jesús y él me libertó, perdonó mis pecados, siempre me predicaban y me hablaban de Jesús, pero yo no quería escuchar, porque no quería dejar el pecado y la palabra de Dios en Romanos 6:23 dice que la paga del pecado es muerte, más la dádiva de Dios es vida eterna. Mi Jesús ya me estaba llamando porque tenía un propósito con mi vida, pues yo no entendía, sufrí mucho mi vida era de llanto, dolor y sufrimiento, tengo 39 años de casada, 03 hijos para la gloria de Dios, mi esposo era un hombre borracho, jugador, mujeriego, me pegaba, me trataba mal psicológicamente, no había paz en mi vida, yo caminé mucho con las brujas, buscando solución a mis problemas, me postraba ante las imágenes de talla, y todo empeoraba, enfermé de cáncer a la mama, estando en el mundo, pero yo vi la mano de mi Señor, a pesar de que no lo conocía, me sanó, fue en el año 2008, luego uno de mis hijos cayó en drogas. Yo muy enferma de tiroides, alergias, me resfriaba cada mes, tenía que recurrir al médico, porque no me sanaba así nomás, me ahogaba con la flema, y los médicos me dijeron que tenía asma, yo no acepté esta enfermedad. También me dijeron que tenía intolerancia a la lactosa, porque todo me hacía daño, no podía comer plátano, chocolate, melón, mango, etc., porque se me relajaba el estómago y el colesterol malo no me bajaba ni con dieta, tomaba Crestol 20 mg., aun así me cuidaba mucho, desde años atrás tenía mucho cansancio, no podía respirar, muy enferma del colón, se me hinchaba la barriga.

Cuando recibí a mi Señor estaba muy enferma, pero con la ayuda de Dios me sentía segura. Hace 4 años tuve cáncer a la tiroides, pero Jesucristo me sanó, pagué la consecuencia de mi pecado.

Le doy gracias a Dios, por mi sanidad y liberación y al Pastor Roger Muñoz, por haberse dejado usado por Jesucristo que a través de la liberación realizada, pudieron salir muchos demonios que eran los que estaban causando todas las enfermedades, Un hombre de Dios, quien lo usa grandemente, en la liberación. Que Dios bendiga su ministerio Pastor.

Ahora ya puedo comer de todo, se me fue el cansancio, las alergias, estoy sana de mi tiroides, ya no hay colesterol malo.

¡Ya no hay cáncer, tengo mucha paz en mi corazón, tenía dolor de huesos yo no lo tengo, estoy sana para siempre, en el nombre de Jesús. Sana y libre gracias a mi Jesús ¡

Que Dios lo bendiga mucho Pastor Roger Muñoz.

Perú, 17 de Abril del 2015.

REFLEXION

Dios escogió a Moisés como líder para liberar a su pueblo de la esclavitud, y lo **obedeció** porque iba con el poder de Dios.
Dios escogió a Josué como líder sucesor de moisés para conquistar la tierra prometida que estaba dominada por el enemigo y lo **obedeció**.

Dos envió a su amado Hijo Jesucristo para liberarnos de la esclavitud de Satanás y lo obedeció.

Jesucristo escogió sus apóstoles para extender el reino de Dios con Señales y prodigios liberando y sanando con el poder del Espíritu Santo y ellos lo **obedecieron.**

Jesucristo escogió este Ministerio de Liberación CRISTO LIBERA para continuar liberando y sanando a su pueblo y lo estamos **obedeciendo.**

Este Ministerio de liberación por orden de nuestro señor Jesucristo le está entregando en estos libros I y II las Armas Poderosas de Guerra Espiritual que estamos usando exitosamente. **¡Ahora es su responsabilidad!**
La PREGUNTA ES ¿QUE VA USTED A HACER?
1 Samuel 15:22b
²² Ciertamente el obedecer es mejor que los sacrificios
2 Timoteo 2:2 (RVR1960)

Lo que has oído de mí ante muchos testigos, esto encarga a hombres fieles que sean idóneos para enseñar también a otros.
Mateo 10:8 (RVR1960)
⁸ *Sanad enfermos, limpiad leprosos, resucitad muertos, echad fuera demonios; de gracia recibisteis, dad de gracia.*
Que Dios en el nombre de Jesús y con su Santo Espíritu le de sabiduría y discernimiento para que tome la mejor decisión de su vida. ¡HERMANO LOS CAMPOS ESTAN LISTO PARA LA SIEGA! ¿SE ANIMA A SEGAR?

RECOMENDACION FINAL

A dquiera nuestros serie de libros de Libérate
Practique estas Armas de Guerra Espiritual
Vuelva a estudiar estos libros
Evangelice con éstos libros
Y Recomiéndelos.

Roger D. Munoz
WWW.CRISTOLIBERA.ORG

CRISTO LIBERA
MINISTERIO DE LIBERACION Y SANIDAD
SEATTLE, WASHINGTON
ESTADOS UNIDOS

Estos libros están disponibles en varios idiomas.
Pedidos: www.cristolibera.org
www.Amazon.com
www.bookdepository.com
1(425)269-2755
USA

www.ingramcontent.com/pod-product-compliance
Lightning Source LLC
Chambersburg PA
CBHW071920290426
44110CB00013B/1427